0점의
가치

하근수 지음

교회성장연구소

추천사1

하나님이 보실 때
정말 두고 보기에도 아까운 사람

내가 주일 설교를 할 때마다 성도들과 함께 외치는 말이 있습니다. "하나님이 보실 때 나는 정말 두고 보기에도 아까운 사람입니다."

이 말을 하면서 정말 하나님이 보실 때 두고 보기에도 아까운 사람이 되겠다는 각오를 다집니다. 그런데 동탄시온교회 하근수 목사님은 정말 하나님이 두고 보기에도 아까운 사람이 아닐까 하는 생각이 듭니다. 신실한 하나님의 종으로서 오직 하나님을 기쁘시게 해드리겠다는 생각 하나로 노력하고 또 노력하기 때문입니다.

그는 지금 동탄에서도 가장 아름다운 곳에 위치한 동탄시온교회를 담임하는 목사이자, 수많은 성도들에게 말씀을 전하는 부흥 강사로 세계 곳곳을 누비고 있습니다. 그러나 현재의 모습이 있기까지 그는 십 대에 소년 가장이 되어 푸줏간에서 일하며 희망 없는 삶을 살아야 했습니다. 푸줏간 소년이 축복을 받고 목회자가 된 과정을 통해 하나님은 빵점짜리 인생도 귀하게 쓰신다는 것을 보여주셨습니다.

종종 연합 부흥회에서 그와 함께 강사로 설 때가 있습니다. 그런데 그가 조근조근 전하는 말씀 속에 축복의 비밀이 담겨 있었습니다. 그의 좌우명 중 하나는 "나는 하나님을 기쁘게 해드리고, 하나님이 내 일을 하시게 하자."는 것입니다. 하나님을 감동시키기 위해, 동탄시온교회 교인은 100퍼센트 출석에 도전하는 새벽기도 총진군을 해마다 하고 있습니다.

몇 해 전, 동탄시온교회 새벽기도 총진군 때 내가 특별강사로 말씀을 전한 적이 있습니다. 새벽, 아직 동도 트지 않은 아주 이른 시간임에도 불구하고 본당에 앉을 자리가 없을 만큼 꽉 들어찬 성도들을 보며 나는 깜짝 놀랐습니다. 갓난아기를 유모차에 태우고 온 아기엄마들, 반짝이는 눈으로 나를 바라보는 유년주일학교 아이들을 보면서 가슴이 뭉클했습니다. 새벽, 더 자고 싶은 잠을 깨우며 아이들까지 들쳐 업고 하나님 앞에 기도하기 위해 나온 그들의 모습을 보면서 나도 이렇게 가슴이 뭉클한데, 하나님은 어떠실까 하는 마음이 들었습니다. 말씀을 전하는 내내 나는 뜨거운 성령의 역사를 경험했습니다. 그 자리에 성령이 충만했고 성도들의 아픔에 하나님도 함께 눈물 흘리시고, 성도들의 간구에 귀를 기울이시며 손을 잡아 응답하고 계셨습니다.

> 하나님이 그 성 중에 계시매 성이 흔들리지 아니할 것이라 새벽에 하나님이 도우시리로다 (시편 46:5)

내가 직접 보고 경험한 동탄시온교회 새벽기도 총진군의 현장은 그야말로 축복 그 자체였습니다. 기도로 충만한 교회의 모습은 천국과 다름없었습니다.

푸줏간 소년이 초등학교 교사이던 아내를 버스에서 두 번이나 우연히 만나 결혼까지 하게 된 이야기, 고학생으로 어렵게 신학교에 진학해 하나님의 인도하심을 따라 목회자가 된 이야기, 수원 화장터 앞에 십자가를 세우고 교회를 개척한 뒤 "새벽에 하나님이 도우시리라" 하는 시편 46편 5절 말씀을 붙잡고 새벽기도에 목회의 모든 것을 건 끝에 동탄시온교회를 부흥시킨 이야기가 책으로 나오게 되어 무척 기쁘게 생각하고, 한국 교회 많은 성도들이 이 책을 읽고 신앙을 되돌아보기를 바랍니다. 아울러 침체된 새벽기도에 열정을 되살려 한국교회의 성장에 새로운 부흥의 불씨를 지피기를 바랍니다.

대전중문교회 **장경동** 목사

추천사 2

하나님께 소망을 둔 사람

    5년 전 동탄시온교회 새벽기도 총진군을 앞두고, 하근수 목사님에게 전화가 걸려 왔습니다.
    "목사님, 우리교회 새벽기도 총진군 때 오셔서 하나님 말씀 전해 주십시오."
    오랫동안 곁에서 지켜본 그는 하나님만 바라보고 목회하는 목회자였습니다. 게다가 지역 사회를 위해 교회 문을 열고 지역 공동체에서 중요한 역할을 하고 있었습니다. 성도를 향한 따뜻한 시선과 뜨거운 사랑의 마음은 그의 촉촉한 눈빛 속에 그대로 배어 나왔습니다.
    나는 동탄시온교회 '새벽기도 총진군'을 앞두고 설렘과 두려움 속에 하나님의 말씀을 준비했습니다. 마침내 강대상에 올라가 예배당을 가득 매운 성도들을 바라보는 순간, 내 마음에도 뜨거운 감격이 밀려왔습니다. 성도들은 하나같이 말씀을 통한 하나님의 임재를 사모하며 그곳에 앉아 있었습니다. 더불어 침체되어 가는 한국 교회의 새벽기도가 떠올랐습니다. '너무도 바쁜 삶을 살며 하나님과 점점 멀어져 가는 선데이 크리스천들이 얼마나 많은가?'

동탄시온교회 새벽기도 총진군에 모인 성도들은 하나님을 앙망하는 자들이었습니다. 바쁜 일상, 육체의 연약함, 절망스러운 현실과 환경에서 시선을 돌이켜 하나님만 바라보며, 그분이 우리에게 새 힘을 주시고 새 능력을 부어주실 것이란 확신을 가지고 하나님의 전에 나온 것입니다. 그 아름다운 모습 뒤에는 성도들에게 있어 신앙의 아버지와 다름없는 하근수 목사님이 있었습니다. 자녀는 아버지의 일거수일투족을 보며 행동을 그대로 배웁니다. 원하든 원하지 않든 좋은 습관, 잘못된 습관까지도 배우기 마련입니다. 동탄시온교회 성도들은 하나님을 최우선으로 두고 늘 하나님을 감동시키기 위해 애쓰는 하 목사님을 그대로 본받고 있는 것이었습니다.

하근수 목사님의 인생과 목회, 그리고 동탄시온교회 새벽기도 총진군의 부흥 이야기가 그대로 담긴 원고를 읽으며 눈시울이 붉어졌습니다. 지금도 고난 속에 헌신하며 이름도 없이 빛도 없이 목회 현장에 몸담고 있는 수많은 목회자들이 떠올랐기 때문입니다. 고난은 늘 우리 곁에 있습니다. 하나님의 종이라고 고난이 피해가지는 않습니다. 하나님의 말씀을 전하기 위해 목숨을 걸었던 수많은 신앙의 선배들은 고난을 통해 하나님의 살아계심을 전했습니다. 하 목사님은 숱한 고난을 통해 하나님의 종으로 빚어졌습니다. 아무것도 손에 쥔 것 없는 가난한 개척 교회 목회자로서 출발한 그가 주일 출석 2,500여 명의 이르는 동탄시온교회를 일군 비결은 해마다 열리는 전성도 100% 참석 새벽기도 총진군이었습니다. 그것은 "하나님을 감동시키고 하나님이 내 일을 하시게 하자"는 믿음에 기반을 둔 것이었습니다.

　동탄시온교회 부흥의 이야기를 읽으며 나는 한국 교회의 희망을 봅니다. 기도의 불씨가 꺼지지 않고 활활 타오를 때 교회는 다시 부흥할 수 있습니다. 기도는 영적인 호흡이기 때문입니다. 호흡이 멈추려 하면 인공호흡을 해서라도 살려내야 합니다. 기도할 때 하나님은 찾아오시며 내 사정과 형편, 내 모든 것을 아시고 만져 주시며, 곪은 부위를 싸매 주시고 상한 심령을 위로해 주십니다. 무엇보다 주님이 찾아오시면 놀라운 하나님의 역사가 일어납니다. 그렇기에 부디 이 책이 많은 한국교회 목회자와 성도들에게 읽혀 어려움에 처한 현실을 딛고 다시 일어설 힘을 주기를 기도하며 소망합니다.

예수마을교회 **장학일** 목사

Contents

추천사	4
Prologue 빵점 인생이라도 괜찮다	12

1부 푸줏간 소년이 만난 하나님

뜻밖의 사고로 시작된 고난	19
외로운 푸줏간 소년	23
이미 시작된 인연	26
스물세 살 총각 집사	29
두 번의 우연한 만남	33
"이토록 부족한 나도 괜찮나요?"	38
하나님은 빵점짜리 인생도 귀하게 쓰신다	43
안면도에 울려 퍼진 결혼행진곡	49
낮아지면 비로소 보이는 것들	51

2부 앞서 일하시는 하나님

십자가 없는 곳에 세워진 교회 59
고난 없는 승리는 없다 63
하나님의 거룩한 실험이 시작되다 70
순종으로 이룬 기적 74
첫 새벽기도 총진군의 결실, 성전 건축 78
낮아짐의 자리 81
부흥의 새 역사를 쓰다 85
153 기도자 모집 89
자녀들의 새벽기도 훈련 95
큰 드림의 예물 100
모든 것이 합력하여 선을 이루고 105
아픈 자가 일어서는 새벽기도의 기적 111
부흥의 도구, 새벽기도 114

3부 오직! 하나님의 영광을 위하여

기적의 새벽 123
나에겐 아직 새벽이 있다 128
새벽기도, 소통을 위한 최적의 시간 133
인사만 잘해도 먹고는 산다 139
옛사람을 버리고 144
고난도 축복이다 150
육체의 가시가 주는 유익 154
나눔의 길 위에 축복이 있다 159
이별이 아름다워야 진짜 성도다 166
하나님 나라와 의를 먼저 생각하라 173
영광의 십자가를 지고 180

Epilogue 나는 행복한 목회자입니다 183
추천사 188

PROLOGUE

빵점 인생이라도 괜찮다

그리스도인이라고 해서 삶이 늘 형통하고 평탄한 것은 아닙니다. 어두운 골짜기를 걷다가 돌부리에 걸려 넘어질 때도 있고, 고통이 기다리는 가시밭길을 맨발로 걸어야 할 때도 있습니다. 넘어야 할 장애물과 풀기 힘든 숙제들 앞에서 좌절하고 주저앉을 때도 수없이 많습니다. 그럼에도 우리가 그리스도인으로 살기로 결심한 이유는 넘어지고, 고통스럽고, 좌절해 주저앉아 있는 그 순간에도 하나님은 내 곁에서 여전히 함께 계시기 때문입니다. 평온하지 않은 삶도 내 삶임을 인정하고 하나님의 손을 붙잡는 것, 그것이 바로 그리스도인이 삶을 살아가는 자세입니다.

요즘 자주 회자되는 금수저, 흙수저 이야기를 빌려오면, 나는 소위 '흙수저'입니다. 그것도 똥 묻고 군데군데 흙이 묻은 흙수저 말입니다. 나는 시골 섬마을에 정착한 피난민 부모에게서 6남매 중 장남으로 태어난 데다, 아버지가 사고로 쓰러진 뒤 고등학교 1학년 때부터 가장의 삶을 살았습니다. 우리 가족의 어려운 상황을 안타깝게 여긴 이웃들이 마을의 푸줏간을 맡게 해 준 덕분에, 나는 푸줏간 소년으로 살았습니다. 힘들고 험한 일을 해야 했던 고등학교 3년의 시간은 도무지 지나가지 않을 듯 고통스럽기만 했습니다. 대학 진학은 꿈조차 꿀 수 없었습니다. 시골 출신의 여느 소년 가장들이라면 아마도 내 이야기가 남일 같지 않을 것입니다. 어린 동생이 셋이나 있고 홀어머니를 모시고 살면서 늘 먹고 살 걱정뿐이었습니다. 그 고달픔 속에 꿈과 희망은 불씨조차 찾기 힘들었습니다. 희망 없이 사그라져 가던 내 삶에 하나님이 찾아오시기 전까지는 막연한 고난 속에서 잔뜩 움츠러든 삶을 살았습니다.

 하나님은 내게 문을 두드리셨고, 열린 문틈 사이로 훅 들어와 나를 쓰시겠다고 말씀하시고, 빵점짜리 인생을 가치 있는 인생으로 하나하나 바꾸어 가셨습니다. 친구의 전도로 교회에 첫발을 디디게 하셨고, 초등학교 교사였던 아내와 고속버스 안에서 운명적으로 만나 결혼까지 하게 하셨습니다. 무엇보다 늦깎이로 신학대학에 진학해 목회자의 길로 들어서게 하시고, 수원 화장터 옆 지하 개척 교회를 신도시 동탄의 랜드 마크인 동탄시온교회로 성장하게 하셨습니다.

 "나는 하나님을 기쁘게 해 드리고, 하나님이 내 일을 하시게 하자"

내 삶의 가장 중요한 좌우명입니다. 돌아보면, 고된 역경의 순간순간에 가진 것이라곤 아무것도 없던 내가 할 수 있었던 단 한 가지는 '새벽에 도와주신다'는 성경 말씀을 붙잡고 새벽마다 하나님 앞에 엎드려 기도하는 것뿐이었습니다.

처음 개척할 때 나와 아내, 단 둘이 엎드렸던 동탄시온교회는 지금 현재 주일에 2,500여 명이 출석하는 교회로 성장하였습니다. 동탄시온교회 새벽기도 총진군은 특별합니다. 해마다 '새벽기도 총진군'이라는 이름으로 전 교인이 21일 동안 100퍼센트 출석을 목표로 도전합니다. 유아부 어린 아이부터 연세 지긋한 어른들까지 하나가 되어 설렘과 감동, 희열이 가득한 새벽기도를 경험합니다. 홍수에 잡동사니, 쓰레기 등이 모두 떠내려가듯, 성령의 홍수 속에 성도의 삶을 어지럽히는 잡동사니와 쓰레기 같은 문제들이 다 사라지며 역경에 당당히 맞서 여리고 성 같은 장애물을 넘어 설 힘과 에너지를 얻습니다. 그렇기에 성도들은 한 해 한 해 '새벽기도 총진군'을 사모하며 기다립니다. 이 또한 큰 축복입니다.

이렇듯 나의 목회는 여명의 밝은 태양이 솟아오르듯이 역동적입니다. 하루하루 내 삶을 통해 하나님이 하실 일을 기대하며 설렘 속에 새벽을 열고 있습니다. 하나님은 빵점짜리 인생을 명품 인생으로 만드신 것입니다.

이 책을 통해 빵점짜리 인생을 명품 인생으로 만드신 하나님의 역사를 더하지도 빼지도 않고 진솔하게 고백하고 싶었습니다. 자칫 이 책에 실린 이야기 중 한 글자라도 나의 미숙한 자랑으로 비춰지지는 않을지 고민하며 몇 번씩이나 출간을 망설이기도 했습니다. 그럼에도 이 책을 쓴 것은 지금 이 순간, 꿈도 희망도 없이 절망에 발목 잡혀 사는 사람들에게 작은 희망이 되기를 바라는 마음이라는 것을 독자들이 이해해 주시길 부탁드리고 싶습니다.

또한 이 책을 통해 힘들어 하는 한국교회의 새벽예배가 큰 도전을 받고 새로운 역사를 다시 쓰는 새벽부흥이 일어나기를 간절히 소망합니다.

끝으로 많은 어려움 속에서도 원망하지 않고 오히려 힘 있게 격려하며 용기를 주고 하나님의 사명을 감당할 수 있도록 평생을 함께한 사랑하는 아내와 이 책이 나오도록 격려해 주신 교회성장연구소 김형근 본부장님과 교회성장연구소 식구들에게 깊은 감사를 드립니다.

동탄시온교회 하근수 목사

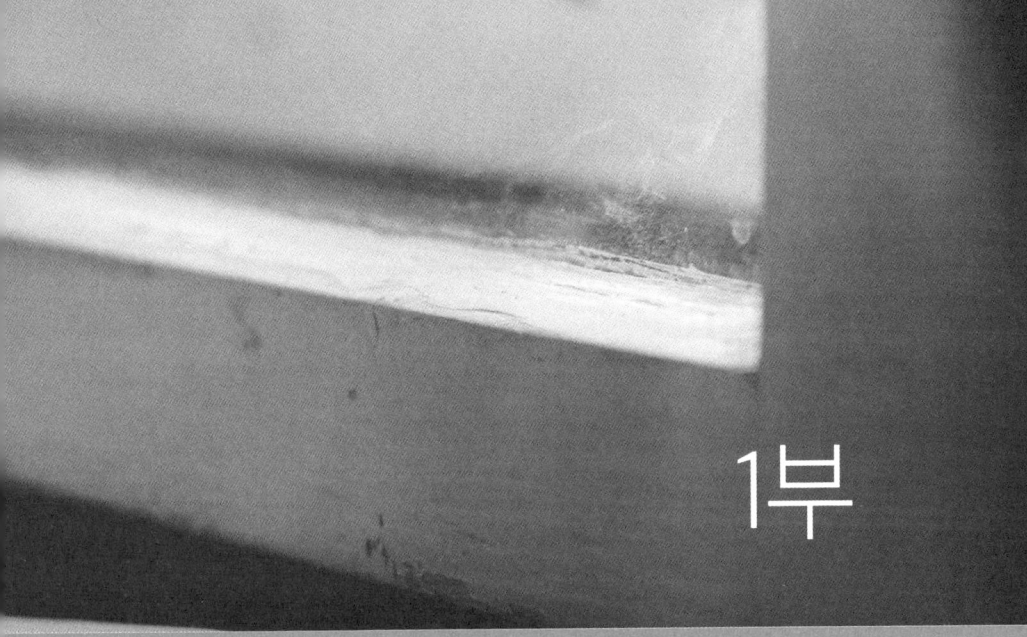

1부

푸줏간
　소년이
　　만난
　　　하나님

> 그런즉 누구든지 그리스도 안에 있으면 새로운 피조물이라
> 이전 것은 지나갔으니 보라 새것이 되었도다
> (고린도후서 5장 17절)

뜻밖의 사고로 시작된 고난

내 고향은 충청남도 태안읍 끝자락에 있는 안면도다. 한국 전쟁이 아니었다면 황해도가 내 고향이 되었을지 모른다. 부모님은 전쟁 이듬해인 1951년 일사후퇴 때 배를 타고 생면부지의 안면도로 피난을 왔다. 영화 '국제시장'의 장면처럼, 아버지 어머니는 보따리 하나 들고 백령도로 와서 다시 안면도행 배를 탔다. 영화의 마지막 장면에 주인공이 아버지의 영정 앞에서 "아버지, 가족을 지켜냈습니다. 열심히 살았습니다" 말 하는 게 참 인상 깊었다. 마치 아버지 없이 6남매와 어머니를 지켜낸 내 얘기 같았다.

어린 시절, 어머니에게 "서울로 피난을 갔다면 내가 서울에서 태어났을 수도 있는데, 왜 하필 안면도로 왔어요?" 하고 원망 섞인 목소리

로 묻기도 했다. 농사지을 땅 한 평 없는 곳에서의 삶이 너무 힘들었기 때문이다. 어떻게든 먹고살기 위해 어머니는 신작로에 좌판을 벌이고 호떡이며 찐빵을 구워 파셨고, 주변 과수원에서 사과를 수확하면 상처 난 사과를 가져다 팔기도 하셨다.

피난민의 신분으로 힘겹게 가정을 책임져야 하는 아버지가 내게는 누구보다 든든한 울타리이자 친한 동무였고, 인생의 스승이 되어 주셨다. 내 손을 꼭 잡고 읍내에 나가 손수 옷을 사 주시고, 팽이와 썰매 만드는 방법을 가르쳐 주시던 투박한 손의 온기를 지금도 잊을 수 없다. 그래서 고등학교 때 선생님이 가장 존경하는 인물을 써 내라고 했을 때도 나는 주저 없이 '아버지'라고 썼다.

아버지에게 사고가 난 것은 내가 중학교 3학년 때였다. 한겨울 일을 나가셨다가 눈길에 미끄러져 넘어지는 바람에 장이 파열된 것이었다. 당시의 의료 기술과 읍내 병원의 시설로는 감당하기 어려운 매우 큰 사고였다. 아버지는 읍내 병원에서 수술을 받으셨고 수술 후 조금씩 몸을 추스르기 시작했지만, 바깥출입은커녕 힘든 일은 아예 못 하니 산송장이나 다름없었다. 그때부터 생계를 책임지는 일은 어머니의 몫이 되었고, 장남인 나는 어머니를 도왔다. 다행히 우리 가족을 딱하게 여긴 동네 사람들의 배려로 푸줏간을 해서 입에 풀칠을 할 수 있었다. 푸줏간은 오늘날의 정육점과 같은데, 옛날 푸줏간은 아예 소와 돼지를 사다 도살한 뒤 뼈와 내장은 빼고 고기를 손질해서

팔았으니 어머니와 나는 백정, 즉 천민이나 다름없게 되었다.

나는 어머니와 함께 푸줏간을 열심히 꾸려 갔다. 이른 새벽이면 팔기로 낙점된 소와 돼지를 끌고 와 도살하고 해체 작업까지 마친 뒤에야 등교를 했다. 하지만 나는 불평하지 않았다. 동생들과 어머니를 위해서라면 기꺼이 감당할 수 있는 일이었다. 하지만 새벽에 일어나는 일만큼은 언제나 힘들었다. 잠을 깨우는 어머니에게 조금만 더 자게 해 달라고 사정하며 이불을 머리끝까지 올리는 날들의 연속이었다. 아무리 아들이 딱해도 어머니 혼자서는 도저히 할 수 없는 일이었기에 어머니는 울먹이는 목소리로 나를 흔들어 깨우셨고, 그렇게 매일 새벽 5시면 나와 어머니는 집을 나섰다. 찬 공기를 뚫고 돼지를 잡으러 가야 하는 열일곱 살의 내 모습을 생각하면 지금도 가슴이 시리다. 하지만 그 고난은 나를 향한 하나님의 특별한 은혜이자 사랑이었다.

출애굽기 13장을 보면, 하나님은 이스라엘 백성이 열흘이면 갈 길을 40년간이나 광야에서 헤매게 하신다.

> 바로가 백성을 보낸 후에 블레셋 사람의 땅의 길은 가까울지라도 하나님이 그들을 그 길로 인도하지 아니하셨으니 이는 하나님이 말씀하시기를 이 백성이 전쟁을 하게 되면 마음을 돌이켜 애굽으로 돌아갈까 하셨음이라 그러므로 하나님이 홍해의 광야 길로 돌려 백성을 인도하시

매 … (출애굽기 13:17-18)

하나님은 광야 40년이라는 고난을 통해 이스라엘 백성에게 헤아릴 수 없는 은혜와 셀 수 없이 많은 기적을 경험하게 하셨다. 그들이 스스로의 미약함을 깨닫고 하나님 앞에서 겸손하게 되며 또한 하나님의 풍성한 사랑과 자비를 생생하게 체험하는 계기로 삼으신 것이다.

고난이 때로는 우리를 낙담하게 하고 때로는 삶을 포기하도록 유혹하지만 지혜로운 성도라면 자신에게 닥친 역경과 고난에서 하나님의 뜻과 은혜를 발견해야 한다. 하나님은 우리가 행복하게 살기를 원하신다. 그래서 40년 광야 생활 가운데 이스라엘이 하나님 앞에 악을 행할 때에도 그들을 버려두지 않으셨다. 지키고 보호하시며 늘 돌이킬 수 있는 기회를 주셨다. 그리고 마침내 약속의 말씀대로 그들을 가나안 땅으로 인도하셨다.

나는 이십 대, 삼십 대에 쓰라린 실패를 맛보고 실의에 빠진 성도들에게 꼭 내 인생 이야기를 들려준다. 뜻하지 않은 사고로 사랑하는 사람을 잃고, 대학갈 때 성적이 안 나오고, 오랜 시간 실직자로 지낸다고 해도 절대 실망하지 말라고 말한다. 제발 '그깟 일' 때문에 한강이나 옥상을 찾지 말라고 말한다. 이렇게 강력하게 이야기하는 이유는 하나님이 사랑하는 자녀에게 쓰라린 실패를 경험하게 하신 데에는 분명한 이유가 있음을 알기 때문이다. 하나님의 계획 아래에서 이유 없는 고난은 없다. 하나님이 내게 고된 새벽 훈련을 시키신 것도 지금 생각해 보면 당시에는 결코 알 수 없었던 내 앞날을 위한 하나님의 준비였다.

내 계획보다 하나님의 뜻이 훨씬 선하다. 그러니 어떠한 순간에도 낙심하지 말고 하나님을 온전히 믿으며 순종함으로 따라야 한다.

외로운 푸줏간 소년

누구에게나 인생에서 가장 힘들었던 시간이 존재한다. 내게는 '3년간의 고등학생 시절'이 그렇다. 글을 쓰는 지금 이 순간에도 그때를 떠올리면 가슴이 저려 온다. 한창 예민하던 사춘기 시절에 자존감을 잃고 우울증과 대인기피증에 걸려 늘 소심하게 움츠리고 다녔기 때문이다.

당시 내가 다닌 안면도고등학교는 남녀공학의 남녀합반이었다. 본래 숫기가 없는 데다 푸줏간에서 일까지 하게 되었으니, 나는 늘 스스로가 초라하게 느껴졌다. 돼지를 자전거 뒤에 싣고 가다가 돼지와 같이 시궁창에 빠진적이 종종 있었는데, 그럴 때 같은 학교 여학생이라도 만나면 쥐구멍에라도 숨고 싶을 만큼 부끄러웠다. 나는 돼지를 끌어안고 시궁창에 몸을 숨긴 채 여학생이 보이지 않을 때까지 5분이고 10분이고 숨죽이며 기다렸다.

    1년 내내 배설물도 치우지 않고 돼지를 키우기 때문에 돼지 냄새는 참 지독하다. 그런 돼지를 도축장으로 데려가 도살하고 해체 작업까지 한 뒤 학교에 가면 내 몸에서 짐승의 오물 냄새와 피비린내가 진동했다. 아무리 씻고 또 씻어도 땀구멍 속으로 깊숙이 파고든 동물의 피와 기름은 쉽게 사라지지 않았다. 한껏 움츠린 채로 자리에 앉아 있으면 애들이 뒤에서 의자를 발로 차며 빈정대곤 했다.

"하근수, 냄새 나. 이 새끼야!"

"너 때문에 공부를 못 하겠다."

    그래도 그런 놀림은 견딜 만했다. 내가 정말 견디기 힘든 것은 친구들이 장난삼아 부르는 호칭이었다.

"이 더러운 백정 새끼!"

    친구들의 눈에 비친 내 모습을 여실히 보여 주는 그 한마디가 날카로운 비수가 되어 가슴에 박혔다. 마침 학교에서 역사를 배울 때였다. 조선 시대 계급을 보면 사농공상이 있고, 맨 밑에 '소와 돼지를 잡는 백정'이 나온다. "백정은 소와 돼지를 잡는 직업인데 천민들이 이 일을 했다."라고 교과서에 쓰여 있었다.

    교실 안에 있는 아이들의 눈이 일제히 내게 쏠리는 것만 같았다. 앞뒤, 옆에서 여학생들까지 보고 있다고 생각하니 창피함에 얼굴이 뜨거웠다. 개구쟁이 친구들이 철없이 뱉은 한마디에 나는 죽고 싶은 심정이었다. 하지만 내가 할 수 있는 일은 부끄러움과 끓어오르는 화를 꾹꾹 누르고 뜨거운 눈물을 목구멍으로 삼키는 일뿐이었다. 나 역시도 구역질을 참지 못할 만큼 냄새가 격한데 반 친구들은 오죽했을까.

그 뒤 '백정 새끼'라고 손가락질을 받을까봐 나는 늘 고개를 숙이고 다녔다. 냄새를 지워 보려고 시장에서 양잿물을 사다 몸에 부어도 보고, 시멘트 바닥에 비벼도 보았지만 찌르는 듯한 비린 냄새는 몸에서 사라지지 않았다. 작고 삐쩍 마른 체구에 무표정한 얼굴로 늘 바닥만 응시하며 걸었고, 주눅 들어 기를 펴지 못했다. 우울하고 괴로운 날들이었다.

또 이런 일도 있었다. 계약금을 치른 소나 돼지는 새벽 5시 경에 데리러 간다. 동이 트면 주인이 돼지에게 음식 찌꺼기를 한 양동이씩 먹이는데, 이걸 먹은 돼지는 10-15킬로가 더 나가 무거워지기 때문이다. 그래서 동 트기 전에 돼지우리에 들어갔다가 동이 트자마자 돼지를 묶어야 했다. 그런데 그날은 돼지 주인이 밥을 먹이러 나왔다가 이미 묶인 돼지를 보고는 쫓아와 내 뺨을 후려쳤다.

"이 인정머리 없는 새끼야! 새벽부터 와서 데려가? 어서 풀어. 너 같으면 키우던 돼지를 밥도 안 먹여서 보내겠어!"

때론 발길질이, 때론 독한 따귀가 날아들었다. 그럴 때면 나는 그저 주인에게 싹싹 빌며 잘못했다고 몇 번이나 용서를 구했다.

학교에서도, 학교 밖에서도 나는 제대로 인간취급을 받지 못했다. 그래서 늘 외롭고 의기소침해 있었다. 하지만 하나님은 그런 나를 눈과 마음에서 지우지 않으셨고, 매순간 사랑으로 바라보시며 함께하셨다. 비록 그때는 그런 하나님을 알지 못했지만, 나를 향한 하나님의 계획은 이미 그때부터 시작되고 있었다. 약하고 보잘것없는 나를 통해 이루시려는 하나님의 일이 있으셨던 것이다.

이미 시작된 인연

아버지의 사고 이후 생계를 책임져야 했던 어머니를 보며, 나도 자연스레 또래 친구들과는 다른 마음가짐으로 살게 되었다. 세 동생들은 내가 책임지겠다고 다짐했다. 자식들을 위해 밤낮으로 헌신하는 어머니와 어린 동생들을 생각하면, 힘들다는 투정을 부릴 수 없었다. 스스로 정한 기준에 어긋나는 길에는 눈길도 주지 않을 만큼 나는 강한 책임감에 이끌려 그 시절을 보냈다. 동네 친구들이 외박을 하고는 "근수와 함께 있었다"라고 이야기하면, 그들의 부모님이 더 이상 토를 달지 않을 정도로 나는 어른들 사이에서도 일찍 철이 난 소년이었다.

고등학교 졸업을 앞두고 예비고사를 보던 날, 친구들은 모두 시험을 보러 가고 나 홀로 안면도에 남았다. 하루하루 살아갈 일이 급급

했던 당시의 나에게 대학 진학은 꿈도 꿀 수 없는 일이었다. 울적한 마음에 안면도에서 버스를 타고 하루 종일 정처 없이 떠돌았다. 원망이나 서운한 마음보다는 앞으로 내가 지고 갈 삶의 무게와 친구들과는 매우 다른 인생을 살게 될 것이라는 막연한 깨달음 때문이었다. 친구들은 대학교를 다니며 책을 보는 동안 나는 피비린내 나는 곳에서 소와 돼지의 살을 가르게 될 것이었다. 남들이 보기에 덜 우아하고 덜 인정받는 자리, 아니 어쩌면 세상에서 가장 낮은 자리, 그것이 내게 주어진 삶이었다.

낮은 곳으로 가는 것이 반가운 사람이 어디 있을까. 이왕이면 사람들 앞에서 떳떳하고 당당하게 살고 싶은 것이 모든 사람의 마음일 것이다. 나도 마찬가지였다. 하지만 아버지의 사고 이후 내 삶의 자리는 아래로 아래로 내려갔고, 삶은 고단해져만 갔다. 그런데 한 가지 부인할 수 없는 사실은 그 자리에서 내가 단단해졌다는 것이다. 하나님은 낮은 자리를 통해 자아가 강한 나를 변화시키시고 단련시키셨다. 낮은 자의 마음을 알게 하시고, 고난을 이겨 내는 힘을 길러 주셨다.

나는 고등학교를 졸업하고 본격적인 청년 백정이 되었다. 어머니와 함께 소나 돼지의 뼈와 내장을 발라내어 고기를 파는 일을 하며 생계를 꾸려 갔다. 그땐 돼지를 자전거에 싣고 가다가 여학생을 만나더라도 시궁창에 몸을 숨기지 않을 만큼 담대해져 있었다. 아버지의 갑작스러운 사고와 수술, 그리고 이어진 3년간의 투병 생활 기간은 나를 단단하게 다져 주었던 것이다.

그러던 어느 날, 초등학교 동창 한 명이 찾아왔다.

"근수야, 나랑 같이 교회 가자."

가족의 생계를 위해 앞만 보고 살아왔던 내게, 교회에 가는 일은 단 한 번도 생각해 본 적 없는 일이었다. 내 삶에 뜻하지 않은 불행이 닥친 뒤로 현실적인 문제를 해결하는 것이 급급했기에 그 외의 것에 관심을 가질 여유가 없었다. 그런데 친구의 말을 듣고 나니 아버지가 수술을 받고 입원해 계실 때, 고모님이 다니시던 교회의 목사님이 오셔서 기도해 주시던 일이 떠올랐다. 그러고 보니 아버지는 돌아가시기 전에 복음을 접했고, 그로 인해 하나님과 나의 인연은 이미 시작된 셈이었다.

> 곧 창세 전에 그리스도 안에서 우리를 택하사 우리로 사랑 안에서 그 앞에 거룩하고 흠이 없게 하시려고 그 기쁘신 뜻대로 우리를 예정하사 예수 그리스도로 말미암아 자기의 아들들이 되게 하셨으니 (에베소서 1:4–5)

푸줏간에서 일하는 내게 관심을 가져 주고 선뜻 손을 내밀어 준 친구의 마음이 고마워서 교회에 가 보기로 결심했다. 하나님의 말씀이나 신앙생활에 대한 기대 때문이 아니었다. 그저 아무도 신경 쓰지 않는 나 같은 사람을 기억해 준 친구에 대한 예의였다.

처음 교회에 등록한 사람들 중에는 고난에 처해 지푸라기라도 잡는 간절한 심정으로 성전에 나온 사람도 있지만, 전도한 이의 관심과 사랑에 응답하는 심정으로 나오는 이들도 있을 것이다. 나도 그중 한 명이었다.

스물세 살 총각 집사

고향 친구들이 대학에 진학하거나 취직해서 타지로 떠난 뒤 홀로 남겨진 데다, 고등학교 3년 내내 하던 푸줏간 일은 손에 익어 금세 하루 일과를 끝낼 수 있었던 나는 청춘의 열정을 다할 새로운 대상이 필요했다. 나는 친구를 따라 교회를 다니게 된 이후 새벽예배, 주일예배, 수요예배와 금요철야예배까지 빠지지 않고 참석했고, 마치 교수님의 강의를 듣는 것처럼 목사님이 전하는 성경 말씀을 들었다. 그리고 그렇게 매일 듣게 된 말씀은 내 안에 믿음을 자라게 해 주었다.

> 그러므로 믿음은 들음에서 나며 들음은 그리스도의 말씀으로 말미암 았느니라 (로마서 10:17)

나는 하나님을 극적으로 만나는 영적 체험을 통해 하나님의 살아 계심과 일하심을 믿게 된 것이 아니다. 내 믿음은 예배에 빠짐없이 참석하고, 청년들과 어울려 기도원에서 기도하며 가랑비에 옷 젖듯 나도 모르는 사이에 서서히 성장한 것이었다.

많은 성도가 영적인 체험이나 방언, 이적, 신유 은사를 체험하는 것을 통해 믿음을 굳건히 하려 한다. 그래서 조급하게 영적 체험을 좇고, 신비한 체험이 없는 것에 대해 염려하며 심지어는 불안해한다. 하지만 그러한 체험으로 생기는 믿음은 언제라도 사라질 수 있다. 무엇보다도 영적 체험을 통해 구원받음을 확인하겠다는 생각은 매우 위험하다.

하나님의 자녀가 되는 것, 즉 구원은 신비로운 경험을 통해 얻어지는 것이 아니다. 성경은 구원이 우리의 믿음에 대한 하나님의 선물임을 분명하게 이야기하고 있다.

> 너희는 그 은혜에 의하여 믿음으로 말미암아 구원을 받았으니 이것은 너희에게서 난 것이 아니요 하나님의 선물이라 (에베소서 2:8)

어느 해인가 12월 말로 기억한다. 나는 청년부 총회에 참여하게 되었다. 청년부 소속이니 총회를 하고 가라는 목사님의 권면 때문이었다. 나를 포함해 총 세 명의 청년들이 모여 청년부에 대한 이야기를 나누는데, 그런 모임은 처음이라 그저 잠자코 앉아 다른 두 명이 하는 이야기를 들을 뿐이었다. 그런데 여자 선배가 "형제는 하근수 한 명이니, 회장은 하근수가 하겠습니다"라고 하더니 내 의사와 상관없이 "회장님이 기도함으로 총회를 마치겠습니다" 하는 게 아닌가. 대학에 못 간 한을 풀 듯 교회를 다녔고 자연스레 믿음이 싹 터 신앙생활을 이어가고 있었지만, 그때까지 사람들 앞에서 기도를 해 본 적 없는 나였다. 나는 떨리는 마음으로 기도했다.

"하나님, 무에서 유를 창조하는 청년부가 되게 해 주세요."

그 다음 총회를 할 때까지 1년간 나는 그야말로 닥치는 대로 사람들을 교회로 인도했다. 면사무소로 발령받아 온 공무원, 농협으로 발령받아 온 사람, 양조장에서 술 배달하는 청년, 나를 놀리던 고등학교 동창, 이웃집에 사는 사람들을 한 명 한 명 찾아가 다 교회로 데려 왔다. 전도에 대한 교육을 받은 적도 없고 전도를 어떻게 해야 하는지도 몰랐지만, 목사님이 기뻐하는 모습에 신이 나서 전도하지 않을 수 없었다.

당시 전도했던 사람들 중 지금도 기억에 남는 사람들이 있다. 그중 한 명은 전화 교환원이다. 1980년대였지만 내가 살던 곳은 시골이라 자석식 전화기의 수화기를 들면 우체국 직원이 받아 상대방 전화로 연결해 주었다. 그런데 어느 날 전화를 받은 교환원의 목소리가 낯설었다. 신입 교환원이었다. 인사를 건네고 말을 붙인 뒤 용기 내어 직접 찾아갔는데, 승복을 입고 있는 것이 아닌가. 비구니도 아닌데 승복을 입고 있는 것을 보고 그녀가 얼마나 불교에 심취해 있는지 짐작할 수 있었다. 하지만 당시 나는 한번 전도 대상자로 생각하면 절대로 물러서는 법이 없었다. "교회에 한번 가 보자"라고 끈질기게 조르고, 없는 돈에 성경책까지 사서 주며 결국 교회로 인도하는 것에 성공했다. 그리고 그녀는 지금 신실한 그리스도인이 됐다.

나의 전도는 개인적인 노력에만 그치지 않았다. 청년들과 힘을 모아 안면도 시골 노인들을 위한 잔치를 열었는데, 전날 밤새 사골을 끓이고 잔칫날에는 오토바이를 타고 가 직접 어르신들을 모셔 왔다. 누가 시켜서가 아니라 그러한 일을 향한 뜨거움이 내 안에서 계속 솟아났기 때문이었다. 청년들과 25인승 버스를 빌려 한얼산 기도원과 오산리 기도원에 가서 밤새 기도하며 방언을 받고 성령의 임재를 경험하기도 했다.

내가 청년 회장을 맡고 1년 뒤, 서너 명이었던 청년부는 삼십 명이 되었고, 스물 셋에 집사 직분을 받게 되었다. 어린 총각 집사가 된 것이다.

> 너는 청년의 때에 너의 창조주를 기억하라 곧 곤고한 날이 이르기 전에, 나는 아무 낙이 없다고 할 해들이 가깝기 전에 해와 빛과 달과 별들이 어둡기 전에, 비 뒤에 구름이 다시 일어나기 전에 그리하라
> (전도서 12:1-2)

내 20대는 하나님을 만나 새로워졌다. 내 안에서 점점 커진 하나님을 향한 사랑과 믿음은, 그 이후 삶의 어려운 고비를 지날 때마다 나를 강건하게 붙드는 힘이 되어 주었다. 그 시절 하나님을 향한 첫사랑이, 청년 시절의 뜨거운 열정과 순전한 신앙이 문득 그리워진다.

두 번의 우연한 만남

1980년대에 서울에서 안면도에 오려면, 고속버스를 타고 태안까지 온 뒤 안면도행 시내버스로 갈아타야 했다. 하루는 서울에 볼 일이 있어 올라갔다가 돌아오는 길이었는데, 고속버스 옆자리에 내 또래로 보이는 여성이 앉았다. 긴 생머리에 순박하고 차분해 보이는 아가씨였다. 당시만 해도 지금처럼 20대 청년들이 이성 간에 가깝게 지내는 일이 드문 데다가, 교회에서 청년 회장을 맡으며 성격이 꽤 활발해졌다고는 해도 여전히 숫기가 없던 내게 또래 여성의 옆자리에 앉는 일은 무척 어색한 일이었다. 전도에 대한 열정이 뜨겁던 때라 교회에 다니는지 물어보고 싶은 마음은 컸지만, 혹시라도 이상한 사람으로 보이지는 않을까 싶어 쉽게 말을 걸 수가 없었다.

망설임 끝에 말을 붙이게 된 것은, 휴게소에서 사 온 빵과 우유 덕분이었다. '음식은 나눠 먹는 것'이라던 아버지의 가르침을 기억하며 용기를 냈다.

"빵 좀 드실래요?"

다소곳이 손으로 입을 막으며

"괜찮습니다."

그렇게 말문이 열린 우리는 자연스럽게 한 마디, 두 마디 오고가게 되었다. 말이 오고가다 보니 두 사람이 공통점이 있었다. 예수 믿는 자매였던 것이다.

그 아가씨는 비로소 경계심을 풀고 "형제님이셨군요."라고 하였다. "나도 자매님이시군요."라고 말을 건넸다. 그리고 그 자매는 자기를 소개하면서 만리포 해수욕장 옆에 있는 조그만 소원초등학교 교사라고 하였다. 나는 깜짝 놀랐다. 나와 같은 20대 초반인데, 초등학교 교사라는 말에 그 자매가 대단해 보였다. '신앙'이라는 공통점을 가진 누군가와 이야기를 나누는 일은 무척 즐거운 일이었지만, 선생님과 푸줏간 청년이라는 직업의 차이는 나를 더욱 주눅 들게 만들었다. 기타를 치며 아이들을 가르치는 손과 대학 문턱에도 가보지 못한 채 소와 돼지를 도살하는 손은 같은 손일 수 없었다. 버스에 나란히 앉았지만, 나와 그녀는 사는 세계가 달랐다. 목적지에 도착했을 때, 나는 고개를 숙여 공손하게 인사를 했다. 내 눈에 비친 선생님은 무척 위대했다.

3년이 흐른 뒤, 친구와 함께 서울에 갈 일이 있어 고속버스 표를 샀는데, 발권을 하는 직원의 실수로 서로 멀찌감치 떨어진 자리의 표를 받게 되었다. 일행이니 옆자리로 재발권해 달라는 말이 어려울 만큼 숫기가 없던 친구와 나는, 결국 서울에서 보자며 버스에 올라 각자의 자리에 앉았다.

버스가 출발한 후로 모내기가 한창인 창밖 풍경을 보고 있었는데, 문득 창에 비친 옆자리 승객의 얼굴이 낯익었다. 어디에서 봤는지 기억을 더듬다가 조심스레 말을 건넸다.

"혹시 만리포에 있는 학교 선생님 아니세요? 예전에 버스에서 뵌 분 같아서요."

내 얼굴을 빤히 쳐다보던 그녀가 나를 기억해 내곤 깜짝 놀라며 반갑게 인사를 했다.

"어머! 그때 그 형제님이시군요."

서울과 태안을 수차례 오가는 버스에서 두 번이나 옆자리에 앉을 확률은 매우 낮을 것이다. 그만큼 우리는 또다시 옆자리에 앉게 된 것을 신기해하며 오랜만에 만난 친구처럼 그동안의 이야기들을 풀어냈다. 그녀는 학교에서 기타를 치며 아이들과 찬양을 부르고, 교회에서 꽃꽂이를 하며 지냈다고 했다.

만약 내가 야무지고 당찬 성격이라 얼른 표를 바꿔 달라고 요구하고 친구와 함께 앉았다면, 친구와 이야기하며 즐겁게 가긴 했겠지만 그녀를 다시 만나지는 못했을 것이다. 숫기 없고, 답답할 만큼 사람

앞에 잘 나서지 못하는 성격 덕분에 다시 그녀와 만날 수 있었던 것이다.

한번은 우리교회 부목사님의 설교 중에 인용하신 '금이 간 항아리'란 동화를 기억한다. 한 소년에게는 깨끗한 새 항아리와 금이 간 낡은 항아리가 있었다. 소년은 매일 막대기 양 끝에 두 항아리를 매달고 냇가로 물을 길으러 다녔다. 물을 가득 채워 와도 집에 도착해 보면 금이 간 항아리에는 물이 반밖에 남아 있지 않았다. 그래도 소년은 하루도 빠짐없이 두 항아리 모두에 물을 담았다.

그렇게 물을 길으러 다닌 지 2년쯤 되었을 때였다. 물을 가득 길어 오지 못한 것을 생각하며 한숨을 쉬는 낡은 항아리에게 새 항아리가 으스대며 말했다.

"넌 항상 물을 반밖에 못 길어 오는구나."

그 말을 듣자 금이 간 항아리는 자신이 더욱 초라하게 느껴졌고, 소년에게 한없이 미안했다.

금이 간 항아리는 소년에게 미안하다고 말했다.

"내 몸에 난 금 때문에 물이 새어 나가니 가득 채워도 흘리는 게 많잖아. 나는 더 이상 쓸모가 없어. 널 힘들게 할 뿐이니까. 정말 미안해."

소년은 금이 간 항아리에게 말했다.

"금이 간 항아리야, 혹시 집에 오는 길에 핀 꽃들을 보았니? 바로 네가 지나간 자리란다. 나는 너에게 금이 있다는 걸 알았어. 그래서 네가 다니는 쪽 길가에 꽃씨를 심었지. 네가 물을 준 덕분에 생명이 자란 거야. 너는 생명을 키우는 항아리야."

금이 간 항아리는 더 이상 자신이 부끄럽지 않았다. 자신에게 난 금을 자랑스러워하며 날마다 물을 길어 와 꽃들에게 물을 주었다.

인간은 100점에 가치를 두지만, 하나님은 금이 간 인생이라도 가치를 두시는 분이다. 늘 스스로를 부끄럽게 여기며 위축되어 있던 충청도 촌놈에게도 하나님은 가치를 두셨다. 그리고 바꾸고 싶었던 주눅들고 소심한 성격마저도 선생님을 다시 만나는 도구로 사용하셨다.

서울에 도착한 우리는 서로 반대편으로 향하며 깍듯하게 인사를 나눴다.

"선생님, 안녕히 가세요."

몇 만분의 일의 확률을 뚫고 다시 선생님을 만났다고는 해도, 그것을 또 다른 인연으로 이어갈 생각이 나에게는 없었다. 푸줏간 청년의 눈에 비친 선생님은 여전히 하늘 같았기 때문이다.

"이토록 부족한 나도 괜찮나요?"

서울을 다녀온 며칠 후, 푸줏간에서 도살한 돼지의 뼈를 발라내고 있는데 누가 인사를 했다.
"안녕하세요."
무심코 고개를 든 나는 깜짝 놀랐다. 버스에서 만났던 선생님이 나를 찾아온 것이 아닌가.
"잠깐만 계세요."
급히 집으로 들어가 온몸을 비누로 씻었다. 돼지의 피가 튄 작업복을 벗고 깨끗한 옷으로 갈아입고는 선생님과 함께 안면도 바닷가를 거닐었다. 한참을 말없이 걷다가 어쩐 일이냐고 물으니 선생님이 말을 꺼냈다.

그날은 선생님의 반이 학교에서 공개수업을 한 날이라고 했다. 점심시간이 끝나고 교장, 교감 선생님과 동료 교사들을 모아 놓고 오랫동안 준비한 공개수업을 막 시작하려고 하는데, 파출소에서 전화가 걸려왔다. 반 아이 다섯 명이 점심시간에 자전거를 훔치다가 잡힌 것이었다.

"선생이라는 사람이 공개수업에 신경을 쏟느라 반 아이들이 사라진 것도 몰랐으니 얼마나 부끄럽고 속상했는지 몰라요. 목구멍까지 올라오는 울음을 간신히 참고 수업을 끝냈어요. 엄마와 친구에게 전화해 속상한 마음을 털어놨는데도 우울함이 사라지지 않더라고요. 그때 '하근수'라는 이름이 떠올랐어요. 참 뜻밖이죠?"

선생님은 사람들에게 물어물어 '안면도에 사는 하근수'를 찾아온 것이었다. 시골이라 가능한 일이었다. 선생님이 속상한 마음을 터놓고 싶은 사람으로 나를 떠올린 것이 놀랍기도 하고 고맙기도 했다. 하루 종일 아무것도 먹지 못했다는 선생님과 함께 낙지볶음을 먹고, 만리포 행 막차를 태워 보냈다.

그런데 일주일 후, 선생님은 다시 나를 찾아왔다. 자신의 이야기를 들어준 것에 대한 보답으로 꽃을 주고 싶다며 꽃과 꽃병을 들고 비포장 길을 1시간 반 달려 온 것이었다. 그때까지 나는 들에 핀 꽃만 봐왔지 화병에 꽃을 보기는 처음이었다. 게다가 선생님이 꽂아 준 꽃이라 누가 만지지도 못하게 하고 금이야 옥이야 물을 주며 돌봤다.

그 꽃이 시들 무렵 선생님은 다시 찾아왔다. 선생님은 첫 발령지인 낯선 시골에서 마음을 털어놓을 친구가 필요했기 때문이었겠지만, 나는 편안한 마음으로 선생님을 만날 수 없었다. 나는 천하다면 천한 직업을 가진 사람이고 그녀는 선생님이니, 어차피 이루어질 수 없는 만남이었다. 그런 만남은 아예 시작하지 않는 게 현명하다고 생각했다. 나는 목사님을 찾아가 복잡한 마음을 털어놓았다.

"목사님, 3년 전에 버스에서 우연히 만리포에 있는 초등학교로 발령을 받아 온 선생님을 만났어요. 그런데 얼마 전 그 자매를 우연히

버스에서 다시 만났고, 3주 전에는 저를 만나러 안면도까지 왔더라고요. 오늘로 저를 찾아온 게 총 세 번입니다. 다시 찾아오면 어떻게 해야 할까요?"

말을 마치기가 무섭게 목사님은 답답하다는 듯 "하 집사, 잡아!"라고 소리쳤지만, 나는 속이 상할 뿐이었다. '저 같은 사람이 어떻게 학교 선생님을 잡아요'라고 혼잣말을 하면서 교회 밖으로 나왔다.

그 다음 주 토요일에 선생님과 함께 바닷가를 거닐며 내 마음을 솔직하게 털어놨다. 10일간 금식기도를 끝내고 산에서 막 내려왔던 무렵이었다.

"선생님과 저는 참 많이 다른 것 같아요. 저희 가족은 황해도에서 온 피난민이에요. 중3 때 아버지가 사고를 당한 뒤 소년가장이 되어 가축을 잡으며 살아왔어요. 어려운 집안 형편에 홀어머니와 육남매의 생계를 책임지느라 대학교에는 갈 엄두도 낼 수 없었고요. 친구들에게 놀림을 당해서 대인기피증까지 생기기도 했어요. 그런데 선생님, 제겐 꿈이 있습니다. 신학교에 가서 목사가 되고 싶습니다."

"형제님이 그런 큰 꿈을 꾸고 계셨다니 대단하세요."

"그리고 또 드릴 말씀이 있어요."

"네, 말씀하세요."

"혹시 저와 결혼해 줄 수 있습니까?"

침묵이 흘렀다. 선생님이 당황한 게 틀림없었다. 보잘것없는 백정이 결혼해 달라는 데 당황하지 않을 여자가 어디 있을까 하는 마음이 들었다. 괜한 말을 한 것 같아 미안하고 민망한 마음에 고개를 숙이고 앞서 걷기 시작했는데 선생님이 나를 불렀다.

"형제님, 저야말로 부족한 게 참 많은 사람입니다. 그 부족함까지 이해하고 포용해 주신다면 청혼을 받아드리고 싶습니다."

숨이 멎는 것 같았다. 나 같은 사람의 청혼을 받아 주는 그녀가 고맙고 또 사랑스러웠다. 한참 시간이 지나서, 처음 안면도로 나를 찾아왔을 때 피와 땀으로 범벅이 된 내 모습이 무섭지 않았느냐고 물어본 적이 있다.

"무섭게 보이다니요. 내 눈에는 열심히 일하는 모습이 무척 멋져 보였어요."

결혼을 약속한 뒤 인천에 있는 처가에 첫 인사를 드리러 간 날이었다. 상다리가 부러질 정도로 진수성찬을 차려 놓고 가족이 한자리에 모여 금이야 옥이야 키운 딸의 남자친구를 기다리고 있었다. 하지만 나는 아무 준비도 할 수 없었다. 말끔하게 차려 입을 양복 한 벌이 없어 그나마 깨끗한 점퍼를 골라 입고 운동화를 신은 게 다였다. 그마저도 안면도에서 인천까지 오랜 시간 버스를 타고 가느라 옷은 구겨져 있었다. 잔뜩 주눅이 들어 인사를 하니, 모두 놀람과 실망이 가득한 눈으로 나를 바라보았다. 아버지 없는 장남에, 대학도 못 간 데다, 직업도 변변치 않은 남자가 헝클어진 머리에 다 구겨진 점퍼를 입고

들어오니 실망하는 것은 당연한 일이었다.

밥 먹는 내내 아무도 내게 말 한마디 걸지 않았다. 가뜩이나 의기소침한 성격에 정적이 감도는 분위기를 견딜 수가 없어 밥을 먹자마자 쫓기듯 도망쳐 나오고 말았다. 운동화도 제대로 못 신고 허둥지둥 문을 나서는데 그녀가 재빨리 뒤쫓아 나왔다.

"미안해요. 미안해요."

울먹이며 미안하다는 말만 되풀이할 뿐 더 이상 말을 잇지 못하는 모습에, 가슴이 찢어졌다. 부모의 반대로 그녀가 마음 고생할 생각을 하니 도저히 결혼을 밀어붙일 용기가 나지 않았다. 예상대로 그녀의 부모님은 "그 사람은 도저히 안 되니 다시 생각해 보라"며 반대를 했다. 하지만 그녀는 쉽게 포기하지 않았다.

"훌륭한 사람들이 전부 처음부터 탄탄대로를 걸었던 게 아니잖아요. 고난과 역경 없이는 성공도 없어요. 그리고 훌륭한 사람이 되지 않는다고 해도 저는 걱정하지 않아요. 하근수라는 사람은 사막에 버려져도 처자식을 굶기지 않을 사람이에요. 저는 그 사람 아니면 안 돼요. 허락해 주세요."

그녀는 내 학력이나 직업보다 힘든 상황에서도 굴하지 않는 책임감과 부지런한 근성을 높이 산 것이었다. 그녀가 나를 믿어 주는데 내가 이대로 물러서서는 안 된다고 생각했다. 나는 마음을 굳게 다지고 그녀의 부모님을 다시 찾아갔다.

"아버님, 어머님. 모든 걸 갖춰 놓고 결혼하면 좋겠지만 제가 가진 것이 없습니다. 하지만 열심히 살겠습니다."

사랑하는 딸에 대한 사랑과 신뢰 때문이었을까. 그녀의 부모님이 처음으로 입을 여셨다.

"자네 말이 맞네."

말이 끝나기가 무섭게 나는 "그렇다면 허락하신 줄로 믿겠습니다. 약혼식부터 하게 해 주십시오!"라고 말했다. 그러자 장인어른은 장모님을 바라보며 "이봐, 이 사람 반지 하나 맞춰 줘" 하시는 게 아닌가. 그날 정말 반지를 맞춰 끼고 안면도로 돌아왔다.

하나님은 빵점짜리 인생도 귀하게 쓰신다

아내에게 청혼을 했던 그 즈음은 결혼을 결심하는 것 외에도 아주 특별한 변화가 있던 때였다. 어쩌면 그 변화에 대한 확신이 감히 우러러보기도 어려웠던 아내에게 청혼을 하게 만든 것인지도 모르겠다.

새벽기도부터 수요예배, 금요철야예배까지 모두 출석하다 보니 교회에 가지 않는 날이 없었다. 출석점수로 따지자면 100점이었지만, 사실 하나님이 살아 계시며 십자가의 은혜로 내가 구원을 받았다는 확신을 가지고 신앙생활을 한 것은 아니었다. 그래서 나는 확신을 갖기 위해 더 열심히 예배에 참석했고, 청년부 회장이 된 뒤에는 청년들을 이끌고 산에 기도하러 가기도 하고 부흥 집회에도 참석했다. 천국과 지옥을 보는 이적이나 죽음의 고비에서 살아나는 기적을 체험하지 못했지만, 가랑비에 옷이 젖듯이 조금씩 쌓인 믿음은 점점 어떤 시련이 와도 무너지지 않을 만큼 단단해졌고, 스물 셋에 총각 집사가 된 뒤로 내 가슴은 하나님을 향해 더 뜨겁게 달궈졌다. 지금 생각해 보면, 불에 달궈진 온돌처럼 식지 않는 뜨거움이 내 신앙의 초석이 되었기에 더 열심히 사명을 감당할 수 있었던 것이라고 생각한다.

어려운 가정 형편 속에서도 열심히 신앙생활을 할 수 있었던 데는 물론 나의 열심도 있었지만, 나를 위해 기도해 주는 지원군의 힘이 컸다. 신앙생활은 개인적인 영성이 매우 중요한 것이 사실이지만, 바르게 권면하고 함께 기도하는 지원군이 곁에 있을 때 더 깊은 성숙의 단계로 나아갈 수 있다.

그런데 나를 위해 기도해 주던 성도들은 약속이나 한 듯이 내게 신학을 권했다. 즉흥적인 제안이 아니라, 한마디 한마디에 두려움과 떨림이 배어 있는 프러포즈였다. 처음에는 머리를 한 대 얻어맞은 느낌이었다. 배운 것 없고 가진 것 없는 내가 주님의 종이 될 수 있으리라고는 생각도 해 본 적 없기 때문이었다. 도대체 그들이 왜 내게 그런 말을 하는지 이해할 수 없었지만, 이상하게도 "신학을 하면 좋겠다"는 말을 들을수록 가슴이 뜨거워졌다. 나는 '해야 한다'는 소명감과 '할 수 있을까' 하는 부담감 사이에서 수없이 갈등했다. 그러다 내가 신학을 공부하고 주의 종이 될 자격이 있는지 하나님께 듣고 싶어서 부여에 있는 능산리 기도원에 들어가 열흘간 금식기도를 하기로 마음먹었다. 내가 아닌 하나님께 결정권을 드리기로 한 것이다. 나는 기도원 원장님께도 기도 제목을 나누었다.

홀어머니와 동생들을 책임져야 하는 내가 서울로 올라가 신학 공부를 한다는 것은 참 어려운 일이었다. 어머니와 동생들, 돌아가신 아버지의 얼굴이 눈앞에 아른거려 괴로웠다. 아버지를 여의고 실질적인 가장 역할을 하면서, 내 꿈은 돈 잘 버는 사업가가 되는 것이었다. 그런데 삶의 목표를 바꾸는 기로에 서게 된 것이었다. 무엇보다도 나이 든 어머니 혼자 푸줏간을 운영하시게 되는 것이 가장 마음에 걸렸다. 내가 할 수 있는 일은 하나님께 엎드려 기도하는 것뿐이었다.

"하나님, 저처럼 못나고 부족한 사람을 쓰시겠습니까? 정 쓰시려거든 어머니를 책임져 주세요."

한참 기도를 하고 잠시 쉬고 있는데, 기도원 원장님이 나를 찾아왔다.

"하 집사님, 신학교에 가야겠어요. 기도할 때마다 집사님이 제사장 옷을 입고 서 있는 모습이 보여요. 신학교 다니다가 혹시 어려운 일이 생기면 언제든 나를 찾아와요."

신학을 권하는 사람이 한 명 더 늘게 된 것이다. 하지만 원장님이 받은 그 기도 응답이 내게 확신을 주지는 못했다. 여전히 나는 하나님이 주신 사명감과 가족에 대한 책임감 사이에서 갈등했고, 지금껏 내가 짊어지고 온 가장으로서의 삶을 내려놓는 것이 불안했다.

그렇게 닷새를 보내고 여섯째 날을 맞았다. 나는 같은 기도를 되풀이했다.

"하나님, 부족한 저를 꼭 쓰시려거든 불쌍한 우리 어머니를 책임져 주세요. 제가 없으면 어머니는 살 수 없습니다."

간절히 기도하고 있는데 갑자기 마음에 걱정 대신 기쁨이, 두려움 대신 평안이 밀려들었다. 하나님의 응답이었다. "내가 너와 네 어머니를 책임지겠다"라는 음성보다 더 큰 위로와 확신을 내 마음에 선물로 주신 것이다. 더 이상 주저할 이유가 없었다. 그 후로 부담스럽던 소명감은 확신으로 바뀌었고, 불안은 기쁨으로 바뀌었다. 나는 감사함으로 더욱 뜨겁게 기도했다.

"하나님, 신학교에 가겠습니다! 하나님의 뜻을 따르겠습니다!"

나는 기도하며 수없이 외쳤다. 마음의 기쁨과 평안만큼 큰 효력을 지니는 응답은 없다.

무릇 시온에서 슬퍼하는 자에게 화관을 주어 그 재를 대신하며 기쁨의 기름으로 그 슬픔을 대신하며 찬송의 옷으로 그 근심을 대신하시고 그들이 의의 나무 곧 여호와께서 심으신 그 영광을 나타낼 자라 일컬음을 받게 하려 하심이라 (이사야 61:3)

집으로 돌아온 뒤 나는 더욱 성실하게 살았다. 약하고 부족한 나를 하나님이 쓰시기로 하셨고 어머니를 책임져 주시겠다는 응답까지 받았으니 신이 나지 않을 수 없었다. 선생님이 내 이름만으로 나를 찾아온 것이 바로 이 금식 기도를 마친 지 사흘 뒤의 일이었다. 금식을 마친 지 얼마 되지 않아 낙지볶음을 먹기 조심스러웠던 기억이 난다.

나는 남들이 보기에 부러울 만하거나 좋아 보이는 것이 하나도 없는 사람이었다. 가진 것도 없고, 배움도 짧고, 무엇보다 그런 나의 모습에 스스로도 가치를 두지 않는 사람이었다. 점수로 매기자면 0점과도 같은 인생이라고 생각했다. 하지만 하나님은 그런 내 인생도 사용하기를 원하셨다. 0점 인생이기에 내게 일어난 모든 일이 '하나님이 하신 일'이라고 고백할 수밖에 없었기 때문인지도 모르겠다.

그러나 하나님께서 세상의 미련한 것들을 택하사 지혜 있는 자들을 부끄럽게 하려 하시고 세상의 약한 것들을 택하사 강한 것들을 부끄럽게 하려 하시며 하나님께서 세상의 천한 것들과 멸시 받는 것들과 없는 것들을 택하사 있는 것들을 폐하려 하시나니 (고린도전서 1:27-28)

성경에 보면 하나님은 노예로 팔려간 요셉을 총리로 세우셨고, 광야에서 숨어 지내는 보잘것없는 모세를 이스라엘 민족을 출애굽 시키는 지도자로 삼으셨다. 또 들판에서 양을 치던 다윗을 택하여 골리앗과의 대결에서 이기게 하시고 이스라엘의 왕으로 삼으셨다. 이처럼 하나님은 세상의 눈으로 봤을 때 많은 능력을 가진 사람이 아니라, 미련하고 약하고 멸시받는 사람을 들어 쓰신다. 하나님 앞에서 어떤 육체도 자랑하지 못하게 하시는 것이다.

배우지 못했는가? 가진 것 없고 병이 들었는가? 실패했는가? 나이가 많은가? 하나님은 바로 거기에 관심을 두시고 가치를 두신다. 나는 하나님이 부족한 사람을 귀하게 사용하실 거라 믿는다. 왜냐하면 많이 배우고, 가문 좋고, 지식 많고, 돈 많은 사람보다 미련하고, 버림받고, 천하고, 못난 사람의 인생을 사용하시는 것이 하나님의 영광을 더 드러내기 때문이다. 따라서 우리는 내 상황을 바라보며 낙심하고 괴로워하기보다 역전인생을 꿈꿔야 한다. 명품인생을 꿈꿔야 한다.

어떤 상황에서도 절망하지 말고, 포기하지 말라. 자식이 열 명이 있으면 부모는 제일 약한 자식에게 관심을 가진다. 하나님도 약한 자녀에게 더 많은 관심을 갖고 사랑을 주신다.

안면도에 울려 퍼진 결혼행진곡

'사막에 버려져도 가족을 굶기지 않을 사람'이라는 나에 대한 아내의 신뢰는 참 고마운 것이었다. 내가 그럴 사람인 것은 분명했지만, 아내가 어떻게 나에 대해 그런 확신을 갖게 되었는지 궁금했다. 나중에 알고 보니, 아내는 결혼을 앞두고 작정 기도를 하던 새벽에 "아무것도 염려하지 말고 다만 모든 일에 기도와 간구로, 너희 구할 것을 감사함으로 하나님께 아뢰라"빌 4:6는 말씀을 받았다고 한다. 그 응답으로 인해 확신을 가지고 결혼을 밀어붙였던 것이다.

어찌할 수 없어 결혼을 허락했지만, 0점짜리 사위가 달갑지 않은 것은 숨길 수 없었을 것이다. 약혼식 사진 속 장인어른과 장모님의 표정이 그 마음을 말해 준다. 게다가 결혼식을 안면도에서 올리겠다고 하니 얼마나 마음에 들지 않았을까. 보통 결혼식은 신부 집 가까이에서 하지만, 나는 안면도 교회에서 하기를 바랐다. 신앙생활의 터전인 교회만큼 좋은 결혼식장이 없다고 생각했기 때문이었다.

지금도 나는 청년들에게 교회만큼 좋은 결혼식장은 없다고 말한다. 화려한 웨딩홀은 짧은 시간 스쳐가는 공간일 뿐, 신랑 신부의 추억을 담기 어렵다. 하지만 교회에서 결혼하면 예배를 드리러 올 때마다 결혼식의 설렘과 희열을 되새기는 값진 경험을 하게 된다.

인천에서 안면도까지는 멀기도 하거니와 비포장도로인 탓에 오고

가는 길도 험한데, 딸에 비해 한없이 뒤처지는 사위가 고향 안면도에서 결혼식을 올리겠다고 고집했으니 결혼식에 온 장인어른과 장모님의 마음이 어땠을까. 부모가 되고 보니 딸을 보내는 부모의 마음이 헤아려져 더욱 죄송한 마음이 크다.

결혼식을 떠올리면 웃지 못할 일이 참 많다. 그중 하나는 구두 사건이다. 키가 큰 편인 아내 옆에 서면 상대적으로 왜소해 보일 것 같아서 결혼식을 위해 키 높이 구두를 맞췄다. 1985년 당시 시골교회에는 의자가 없어 바닥에 방석을 깔고 앉았는데, 내가 결혼할 무렵 의자가 들어 왔다. 그런데 "신랑 입장!"이라는 소리에 그만 예배당에 의자가 들어와 신발을 신고 입장해도 된다는 것을 깜빡 잊고, 예전처럼 신발을 벗고 예배당에 들어섰다. 주례사를 듣다가 내가 신부보다 작은 게 이상해서 아래를 내려다보고서야 내가 구두를 신지 않고 있다는 것을 알았다. 결혼식 때 신으려고 맞춘 키 높이 구두는 결국 한 번도 신지 못했다.

결혼식이 끝난 뒤 웨딩드레스를 입은 아내와 마치 영화의 한 장면처럼 안면도 바닷가 백사장을 손잡고 뛰며 행복을 만끽했던 것도 잊지 못할 추억이다. 그때 서로에게 가졌던 마음과 함께 나누었던 다짐들은 가정을 이루며 살아가는 날들 동안 내게 많은 위로와 힘이 되어 주었다. 그리스도인이라고 해서 결혼 생활이 늘 장밋빛일 수는 없다. 결혼 이후 교회 개척을 비롯한 굵직한 삶의 궤적 속에서 우리는 많은 장애물을 만났다. 하나의 장애물을 지나면 안심할 겨를도 없이 또 다른 장애물이 우리를 기다리고 있었다. 하지만 그때마다 함께 기도하며 하나님의 기적을 체험했다.

'하나님이 짝지어 주신 것을 사람이 나누지 못한다'는 마가복음 10장 9절 말씀에는 부부가 영적으로 하나 되길 바라시는 하나님의 마음이 담겨 있다. 하나가 된다는 것은, 기쁜 일이나 슬픈 일이나 함께 누리며 이겨 나가는 것을 의미한다. 그리고 반드시 기억해야 하는 것은, 그 하나 됨이 하나님이 짝지어 주신 것이라는 사실이다.

낮아지면 비로소 보이는 것들

아내와 만나기 전 나는 기능선교사의 꿈을 가지고 서울에 있는 군소신학교에 잠시 다녔던 적이 있었다. 학비를 벌고 잠자리를 해결하기 위해 나는 신문 배달을 했다. 서울 친척집에 머물 수도 있었지만, 신세를 지고 싶지 않아 서울 망우리에 있는 신문 보급소에 들어갔다. 새벽 3-4시에 일어나 신문 배달을 해야 했는데, 고등학생 때부터 돼지를 잡기 위해 일찍 일어나는 것에 익숙했던 나에게도 쉽지 않은 일이었다. 겨울이면 얼마나 추운지 두 손이 꽁꽁 얼어 장갑을 세 겹씩 끼고 입김으로 손을 녹이며 뛰어다녔다.

신문 보급소에서 숙식하며 나는 보급소 아이들의 삶을 알게 되었다. 대부분의 아이들이 깨어진 가정에서 자라나 평탄하지 않은 인생을 살고 있었던 탓에, 밤이면 술 먹고 싸움질하는 게 일이었다. 그럴 때면 방 한구석에 누워 이불을 머리끝까지 끌어올렸다. 아이들은 밤사이 깨진 술병에 상처를 입어도 이튿날이면 상처를 싸맨 채 신문을 돌리곤 했다. 신학을 공부하는 나로서는 그 아이들이 가진 마음의 상처를 그냥 보고만 있을 수 없어서 함께 교회에 가자고 이야기를 했지만, 그때마다 돌아오는 것은 날카로운 대답뿐이었다.

"너나 교회 가!"

안면도 시골에서 전화 교환원이나 술 배달원, 고향 친구들을 전도할 때처럼 먼저 다가갔지만, 아이들은 가정에서 받은 상처로 마음 문이 굳게 닫혀 있었다.

워낙 박봉이다 보니 신문 배달만으로 매 학기 등록금을 마련하는 것은 역부족이었다. 신문 배달은 학기 중에 먹고 잘 곳을 마련하기 위한 방법이었고, 방학이 되면 기업 사장이나 회장의 운전기사로 취직해 등록금을 모았다. 사장님을 태워다 드린 뒤 기다리는 동안 다른 자가용 기사들과 어울리며 녹록치 않은 그들의 삶을 알 수 있었다.

신학생으로서 학업을 이어가기 위해 안 해 본 일이 없었다. K출판사의 방문 판매원으로 일할 때는 승강기도 없는 아파트를 오르내리며 집집마다 벨을 눌렀고, 거의 대부분 문전박대를 당했다. 어쩌다가

문을 열어 주는 집이 생기면, 카탈로그를 펼쳐 목이 아플 정도로 열심히 설명했지만 책을 팔기는커녕 "다음에 오라"는 힘 빠지는 대답을 듣기 일쑤였다. '실패의 쓴맛이 이런 걸 두고 하는 말이구나' 하는 생각이 드는 날들이었다.

세상에 쉬운 일은 없다지만, 나만 못 하는 것 같아 서럽고 부끄러웠다. 책을 팔지 못하면, '다음 학기 등록금은 또 어떻게 마련하나' 하는 생각에 목구멍으로 솟구치는 뜨거움을 애써 삼키곤 했다. 복잡한 심정으로 정처 없이 걸었던 적이 한두 번이 아니다. 그래도 결국 다시 마음을 다잡고 용기를 낼 수 있었던 건, 내게는 하나님이 허락하신 소명이 있다는 생각 때문이었다.

가나안을 향해 가던 이스라엘 백성 앞에 무수히 많은 장애물이 나타난다. 홍해, 요단 강, 가난과 기근, 질병 등이 그들을 한 발자국도 더 나아갈 수 없도록 가로막는다. 하지만 이것들은 이스라엘 백성을 성결하게 만드시기 위한 하나님의 훈련 과정이었다.

> 여호수아가 또 백성에게 이르되 너희는 자신을 성결하게 하라 여호와께서 내일 너희 가운데에 기이한 일들을 행하시리라 (여호수아 3:5)

여호수아는 그들 앞에 장애물로 놓인 요단강을 하나님의 일하심을 통해 넘을 수 있으리라고 믿었다. 그 일을 위해 이스라엘 백성이

해야 할 일은 자신을 성결하게 하는 것이었다. 그는 하나님의 인도를 받고, 하나님과 함께하며, 하나님의 역사를 경험하기 위해서는 '성결'이 필수적인 요건이라고 생각했던 것이다.

  목회를 하다 보니, 신문 배달원, 운전기사, 출판사 방문 판매원으로 고생했던 일들이 참 귀한 재산이 되었다. 하나님께서 나를 단련시키고 훈련시킨 과정이었음은 말할 것도 없다. 그 경험이 없었다면 여전히 자신감 없고 주눅이 들어 전도지 한 장 나눠 주지 못하고, "교회 오세요."라는 말조차 꺼내지 못했을 것이다. 그 시간이 없었다면 그늘진 곳에 눈을 돌리지 못하고, 그들의 아픈 삶을 이해할 수 없었을 것이다. 지나고 보니 그 모든 일들이 나를 하나님 앞에 성결하게 하시려는 하나님의 훈련이었다. 나를 신학교에 보내신 분도, 신학을 공부하는 동안 나를 더 낮추시어 주의 종으로서 필요한 자질을 갖추도록 훈련시키신 분도 하나님이셨다.

2부

앞서 일하시는 하나님

기록된 바 하나님이 자기를 사랑하는 자들을 위하여
예비하신 모든 것은 눈으로 보지 못하고 귀로 듣지 못하고
사람의 마음으로 생각하지도 못하였다 함과 같으니라
(고린도전서 2장 9절)

십자가 없는 곳에 세워진 교회

　신학교 4학년이 되자 교회 개척을 위해 기도하기 시작했다. 내가 속한 기독교대한감리회는 단독 목회를 해야 목사 안수를 받을 수 있는 곳이어서 4학년생들은 모두 교회 개척을 위해 기도하며 각자의 목회를 구상한다. 나는 십자가가 없는 곳에 세워진 교회를 꿈꿨다. 1980년대 말에도 이미 도심의 밤은 붉은 십자가가 수놓고 있어서, 나는 '십자가 없는 곳에 교회를 세우자'고 다짐했다. 교회들이 있는 곳에 굳이 또 하나의 교회를 개척하는 것은 의미가 없다고 생각했기 때문이다. 나는 하나님의 말씀을 듣고 성전에서 기도를 하고 싶어도 가까운 곳에 교회가 없어서 신앙생활을 제대로 할 수 없는 사람들을 돕고 싶었다. 그때 머릿속에 떠오른 곳이 화장터였다.

수원 매탄동에 있는 화장터에 가 보니 그야말로 허허벌판이었다. 교회가 없는 것은 물론이거니와 다른 건물도 없었다. 십자가가 없는 곳에 교회를 세우고 싶다는 나의 바람이 이루어질 수 있는 곳이었다. '여기에 교회를 세우게 해 주세요'라고 기도하며 주위를 둘러보니 하얀색 3층 건물이 눈에 띄었다. 나중에 알게 된 사실이지만, 외벽이 하얀 타일이라 '백담사'로 불리는 건물이었다.

"누구신데 남의 집을 살펴보고 있어요?"

마침 밖으로 나온 집 주인은 젊은 남자가 집 주위를 서성대니 의아해하며 물었다. 나는 공손하게 내 소개를 하며 이곳에 교회를 세우고 싶다고 말했다. 수원의 한 교회 집사였던 집주인은 내가 신학생이라는 것에 마음이 놓였는지 건물 지하를 보여 주었다.

"전세로 천만 원만 내고 쓰세요."

주인으로서는 교회를 세우고 싶다는 신학생에 대한 호의였을 테지만, 가난한 신학생에게는 너무 큰돈이었다. 하지만 그렇다고 해서 그냥 돌아설 수는 없었다. 나는 하나님을 의지하며 용기를 냈다.

"염치없지만 제게는 천만 원도 없습니다. 하지만 이곳에 꼭 교회를 개척하고 싶습니다."

처음 만난 사람이 전세금도 없이 무상으로 쓰게 해 달라고 사정하니 주인의 마음이 얼마나 황당했을까. 만약 그가 하나님을 믿지 않는 사람이었다면 욕하며 나를 내쫓고도 남았을 것이다. 그런데 그는 그렇게 하지 않았다.

"전도사님, 그럼 그냥 쓰세요. 돈이란 있다가도 없고 없다가도 있는 것이니 나중에 돈이 생기면 주세요."

지금 생각해도 얼마나 감사한 일인지 모른다. 허허벌판을 마주한 이곳에서는 하나님만 의지할 수밖에 없겠다는 생각에 두려움보다는 기대감이 앞섰고, 그러한 마음으로 오직 하나님만을 의지하며 나아갔을 때 하나님은 기적을 보여 주셨다.

서울올림픽의 열기로 온 나라가 떠들썩했던 1988년 12월 8일, 뜨거운 사명감 하나로 열댓 평 남짓한 작은 공간에 선배 목사님께 물려받은 강대상과 장의자 세 개를 놓고 창립예배를 드렸다. 건물 꼭대기에 종탑을 세우고 '시온교회'라는 간판까지 달았다. 진로 문제, 개척 문제를 두고 새벽에 기도할 때마다 하나님은 '시온의 영광이 빛난다', '시온의 대로가 열린다', '시온 산'이란 말씀이나 단어로 사인을 주셨다. 하나님 앞에 무릎 꿇는 일 외엔 할 수 있는 게 없던 내게 하나님이 보여 주신 '시온'은 무척 큰 힘과 위로가 되어 주었다. 그래서 교회 이름을 '시온교회'라고 지은 것이다.

개척 소식을 전했을 때, 신학교 친구들은 모두 반대했다. 많은 사람들이 오고 가는 번화가나 주택가에 교회가 세워져도 전도가 쉽지 않은데, 사람들이 별로 다니지 않는 화장터 앞에 교회를 개척한다고 하니 황당하기도 하고 걱정도 되었을 것이다. 선배 목사님들로부터 선교비를 지원해 주겠다는 연락도 받았다. 하지만 하나님만 바라보고 개척의 어려움을 극복하고 싶었던 나는 그 고마운 마음을 거절했다.

"목사님, 정말 감사하지만 그 선교비는 저보다 더 어려운 시골 교회에 보내세요. 저는 이미 하나님으로부터 많은 것을 받았습니다."

하나님으로부터 이미 많은 것을 받았다는 고백은 진심이었다. 나 같은 사람을 주의 종으로 불러 주시고, 거룩한 사명까지 주셨으니 나는 이미 많은 것을 받은 사람이었다.

사실 십자가가 없는 곳에 교회를 세우겠다는 다짐과 하나님만을 바라보겠다는 믿음을 지킬 수 있었던 데는 아내의 역할이 컸다. 아내는 교회 개척에 대한 내 결정을 묵묵히 따랐다. 가장 가까이에서 함께 고난과 역경을 겪어야 하는 사람이 나를 믿고 함께한다는 것이 얼마나 큰 힘이 되었는지 모른다. 시간이 흐른 뒤 누군가 아내에게 화장터 앞에 교회를 세우겠다는 남편의 결정에 어떻게 순종할 수 있었는지 물었을 때, 아내는 이렇게 답했다.

"철이 없었던 건지 크게 걱정하지 않았어요. 사랑하는 마음이 컸기에 남편이 가는 길이라면 저도 따라가야 한다고 생각했어요. 그리고 이 사람과 함께라면 어떤 어려움도 이겨 낼 수 있다는 자신감이 있었어요. 남편 속에 하나님이 계시고, 또 그 하나님을 제가 믿으니 어떤 상황도 이겨 낼 수 있다는 확신이 있었던 거죠."

창문 없는 지하 공간이라 불을 끄면 앞에 앉은 사람 얼굴도 보이지 않을 만큼 깜깜한 곳에서 새벽마다 아내와 둘이서 성도들이 모이기를 기도하고 또 기도했다. 평생 흘릴 눈물을 다 흘렸을 만큼 그때는 날마다 눈물이 흘렀다. 불확실한 미래가 삶을 흔들고 있었지만, 나와 아내는 '죽으면 죽으리라'는 각오로 새벽에 엎드려 기도하고 하나님의 응답을 기다렸다.

고난 없는 승리는 없다

은혜 가운데 교회는 개척했지만, 살 집이 없던 나와 아내는 좁은 교회 구석에서 숙식을 해결했다. 결혼 이후에도 교직생활을 이어왔던 아내는 교회 근처에서 학교까지 운행하는 버스가 없어서 1시간 거리를 매일 걸어 다녔다. 화장터 근처에는 시장도 없어서 학교 근처에 있는 시장에서 생필품이며 식재료를 사서 들고 오는 날도 많았지만, 아내는 한 번도 불평하지 않았다. 결혼 4년 만에 첫아이를 임신했을 때도 만삭이 될 때까지 장바구니를 들고 1시간 거리를 걸어 집에 오곤 했다. 간혹 힘겹게 짐을 들고 걸어가는 임산부의 모습에 몇몇 운전자가 태워 주겠다며 차를 세우기도 했지만, 낯선 차를 타는 일은 위험한 일이기에 아내는 그 먼 길을 무거운 몸을 이끌고 걸었다.

인적이 없고, 공중화장실도 찾기 힘든 곳에 서 있는 유일한 건물이다 보니 불량배나 취객이 들어와 잠을 청하거나 볼일을 보는 일도 있었다. 예상하지 못한 광경에 놀란 적이 많았지만, 그래도 나는 교회 문을 365일 열어 두었다.

신학생 시절 나는 두 가지 결심을 했다. 하나는 앞서 말했듯 십자가가 없는 곳에 교회를 개척하는 것이었고, 다른 하나는 교회 문을 1년 365일 열어 두는 것이었다. 인간적으로 생각하면, 예배를 드리지 않는 날이나 늦은 시각에는 교회 문을 잠가 불량배나 취객의 출입을 막는 것이 안전했다. 하지만 믿음을 품고 생각하면, 교회는 누구라도 기도하고 싶을 때 찾아와 기도할 수 있는 곳이어야 했다. 1년에 딱 한 번일지라도 기도하고 싶은 절실함에 교회에 왔는데, 문이 잠겨 있으면 얼마나 속상하고 절망스러울까. 나는 누구에게도 그러한 절망감을 주고 싶지 않았다. 교회란 신앙이 좋고 점잖은 사람뿐만 아니라 술에 취한 사람이나 불량배도 기도하고 싶을 때 언제든 들어와 기도할 수 있는 공간이라고 믿었기 때문이다. 그리고 그 믿음 때문에 어려운 일도 많이 겪었다.

하루는 외출했다 돌아와 보니 교회 안에 똥 냄새가 진동했다. 냄새를 따라가 보니 진원지는 강대상이었다. 하나님의 말씀이 선포되는 거룩한 곳에 누가 똥을 싸 놓은 것이다. 닦아도 닦아도 사라지지 않는 냄새에 강대상을 붙들고 얼마나 울었는지 모른다. 누군지 알게 되면 당장 잡아다 혼을 내고 싶은 마음이 굴뚝같았다. 하지만 나도 모르는 새 내 입에서는 이런 기도가 흘러나왔다.

"주님, 성전에 똥을 싼 사람도 하나님의 자녀로 불러 주셔서 장로가 되게 해 주세요."

요즘 집회를 가면 우스갯소리로 "혹시 이 교회 60대 후반 장로님 중에 25년 전에 수원 화장터 근처에 살다가 오신 분 계신가요?" 하고 묻는다. 웃으며 말할 수 있을 만큼 시간이 흘렀고 그때의 어려움이 지금의 시온교회를 만든 자양분이 되었음을 고백하지만, 그때는 참 힘든 시간이었다.

한번은 외출했다 돌아오니 전등은 켜지지 않고 칠흑 같은 어두움 속에서 매캐한 냄새가 났다. 촛불을 켜고 보니 교회 휘장은 물론 피아노 덮개까지 새까맣게 불에 타 있었다. 아내와 구석구석 정성껏 쓸고 닦은 곳이 잿더미가 된 모습 앞에 가슴이 내려앉았다. 하지만 불이 지나간 자리와 그을린 강대상을 치우고 나자 불이 건물 전체로 번지지 않은 것도, 사람이 다치지 않은 것도 모두 하나님의 은혜라는 생각이 들었다. 무엇보다 임신 중인 아내가 혼자 있을 때 이런 일이 일어나지 않은 것에 감사했다.

임신 중인 아내가 놀라거나 실망할까봐 어느 정도 수습을 한 후에 학교로 연락을 했다. 내 이야기를 들은 아내는 울먹였다.

"주인집 집사님이 학교까지 찾아오셔서 '전도사님한테 연락이 올 때까지 집에 오지 말라'고 하더라고요. 무슨 안 좋은 일이 있는 건 아닌지 걱정하며 기도했는데 그런 일이 있었군요."

불에 탄 교회를 수습하느라 정신이 없을 나를 생각해서 집사님이 먼저 아내에게 연락을 해 두었던 것이다.

많은 사람이 고난 없는 삶을 꿈꾸지만, 이 세상에 고난 없는 삶은 없다. 하나님을 잘 믿는 그리스도인이라고 해서 인생의 고난을 피할 수는 없다. 단지 그리스도인에게 다른 점이 있다면, 눈앞의 현실이 전부가 아님을 알고 문제 앞에서 하나님께 기도할 수 있다는 것이다.

고등학교 시절에는 푸줏간에서 일하는 것이 늘 부끄러웠고, 신학생이 되어서는 학비를 마련하느라 쉴 틈 없이 일했던 나는, 교회를 개척한 후에는 고난 없이 하나님의 축복을 누리고 싶었던 것이 사실이다. 그런데 그런 생각이 들 때면 십자가에 달리신 예수님의 모습이 떠올랐다. 예수님은 하나님의 아들이면서 인간의 몸으로 이 땅에 오셨고, 인간이 겪을 수 있는 가장 힘든 고통을 겪으셨다. 예수님은 당신이 겪어야 할 고통을 아셨지만, 그것이 아버지 하나님의 뜻을 이루는 길임을 아셨기에 피하지 않고 그 길을 걸으셨다. 그리고 힘들 때마다 기도하셨다.

나도 앞이 보이지 않는 절망감이 밀려올 때마다 하나님께 울부짖었다. 신학교 친구들 중에는 아버지나 삼촌이 목회자라 도움을 받는 친구들도 있었지만 나에게는 오직 하나님뿐이었다. 다른 기댈 언덕이 전혀 없었기에 나는 기도를 쉴 수 없었다.

개척 초기 어려움이 닥칠 때 큰 힘이 되어 준 찬양이 있다. 집회 때마다 나는 아내를 초대해서 함께 이 찬양을 하나님께 드린다.

넘지 못할 산이 있거든

넘지 못할 산이 있거든 주님께 맡기세요
넘지 못할 파도 있거든 주님께 맡기세요
우리 가야 할 길은 멀고도 험하여
허덕이며 가야 하는 우리 인생인데
이럴 땐 우린 누굴 의지하나요. 주님밖에 없어요
나는 그 길 갈 수 없지만 주님이 대신 가요

참지 못할 분노 있거든 주님께 맡기세요
참지 못할 슬픔 있거든 주님께 맡기세요
우리 살아 갈 길은 눈물의 골짜기
내 힘으로 참지 못해 늘 흐느끼네
이럴 땐 우린 누굴 의지하나요. 주님밖에 없어요
나는 그 길 갈 수 없지만 주님이 대신 가요

* 이 곡은 찬양 사역자인 최용덕 집사가 작사 작곡한 곡이다.

기도하면

조지 뮬러

기도의 무릎을 꿇으면 하늘 문이 열린다
답답했던 삶에 환한 빛이 들어오기 시작한다

기도하면
신기하게도 불가능한 일들이 가능해진다
꼬였던 것들이 풀어지기 시작한다
기도의 시간에 온갖 해결책이 떠오른다

기도하면
신비한 섭리가 일어난다

기도하면서 걷다 보면
어느덧 내가 함정도 지뢰밭도 무사히 지나갔음을 알게 된다

기도하면
감추었던 내 미래와 축복들이 나타난다

내 인생을 향한 크고 놀라운 계획이 펼쳐지기 시작한다

기도하면 천사의 손길이 돕는다

기도하면 나를 위하여 누군가가 움직인다

둘이서 기도하면

하늘 문이 열린다

부부가 마음을 합해서 기도하면

그 가정에 불가능한 일이 사라질 것이다

그래서 기도하는 부부는 가장 강하고 부요한 사람들이다

기도하면 문제가 작아진다. 문제를 내려다 보게 된다

기도하면 사람들이 인기와 인정에 자유하게 된다

기도하면 용서의 힘이 생긴다

기도하면 상처가 치유된다

기도하면 마음이 넓어진다

이 놀라운 약속에도 불구하고 여전히 가난하고 비천한가

이 세상에는 단 하나의 빈곤이 있을 뿐이다

그것은 기도의 빈곤이다

하나님의 거룩한 실험이 시작되다

365일 문이 열려 있는 교회라고 소문이 나자 사람들이 하나둘씩 찾아오기 시작했다. 대부분 섬기는 교회가 멀어서 새벽예배를 드리러 오는 사람들이었다. 그들은 새벽마다 그들의 기도처가 되어 준 작은 개척 교회를 위해서 기도해 주었다. 나는 지금도 그들의 기도가 부흥의 불씨가 되었다고 믿는다.

점차 주일예배를 드리러 오는 사람들이 생겼다. 사방 1킬로미터 안에 집이라고는 한 채도 없는데, 한 주에 한두 명씩 찾아오는 것이 놀라웠다. 12인승 봉고차 한 대가 꽉 차지 않는 인원이었지만, 인적 드문 곳에 자리한 교회로 찾아오는 사람들이 있다는 것이 감사할 따름이었다. 그리고 첫 성탄 예배 때 잊지 못할 성탄 카드를 받았다.

"전도사님, 사모님! 시온교회가 지금은 매우 작지만, 앞으로 성전 의자 3개가 가득 차서 성도들이 서서 예배드리는 날이 오기를 소망합니다."

그 소망은 금세 이루어졌다. 수원에 삼성전자가 들어오면서 교회에 청년 성도가 늘기 시작하더니 1년 만에 장년과 청년을 합쳐 스무 명 정도가 되어 장의자 3개뿐인 지하 공간이 성도로 가득 찬 것이다. 그 무렵 시골에 계시던 어머니가 집을 팔고 전 재산을 정리해 헌금해 주신 덕분에 상가 건물 2층 40평을 전세로 얻을 수 있었다. 어두컴컴

한 지하에서 2층으로 올라오니, 성도들 모두 춤을 추며 좋아했다.

하나님은 청년들을 교회의 주축으로 세우시고 그들의 전도로 교회가 부흥하게 하셨다. 나는 열심히 신앙생활하는 청년들을 보면서 내 청년 시절을 떠올렸다. 스무 살 무렵, 친구의 인도로 교회에 다니기 시작하여 대학 못 간 한풀이를 하듯 목사님의 말씀을 듣던 일, 청년회장이 된 후 세 명이던 청년부를 열 배로 배가시킨 일, 스물 셋에 청년 집사가 된 일 등 나의 청년 시절은 늘 교회와 함께였다. 하나님은 열심히 전도하며 뜨겁게 기도하던 내 젊은 시절을 기억하셨고, 그때 뿌린 수고의 씨앗이 내가 개척한 교회에서 싹을 틔워 청년부가 시온교회의 주축이 되게 하셨다. 하나님은 심는 대로 거두게 하시는 분임을 나는 많은 순간 경험한다.

그런데 1994년, 목회 6년차가 되자 교회 부흥의 정체기가 찾아왔다. 나는 정체기를 극복할 수 있게 해 달라며 새벽마다 성전에서 엎드려 기도했고, 하나님은 '새벽'에서 답을 찾게 하셨다. 어느 날 교계 신문을 읽는데 '새벽기도 총진군 세미나'라는 글씨가 눈에 들어왔다. 당시 '새벽기도 총진군'이란 명칭을 처음 사용한 분은 군포영광교회 이상돈 목사님으로, 군포영광교회는 새벽기도를 도입한 지 5년 만에 성도가 150명에서 1,000명으로 부흥한 교회였다. 이 목사님은 세미나를 통해 중소형교회에 맞는 새벽기도 프로그램으로 교회를 성장시킨 내용을 목회자들에게 전하려던 것이었다. 세미나에서 듣게 된 "새벽기도를 통해 교인의 믿음이 성숙해지고, 교우들이 믿음의 공동체라는 일체감을 갖게 됐다. 그리고 교회가 아주 건강하게 성장했다."는 목사님의 말씀이 내게 확신을 주었다.

나는 군포영광교회의 새벽기도 총진군 세미나를 시작으로 새벽기도 활성화를 위한 여러 세미나에 참석하여 우리 교회에 적합한 홍보, 준비 과정, 말씀, 교재 등을 만들었다. 하지만 새벽기도 총진군의 핵심은 프로그램이 아닌 하나님을 감동시키는 것에 있음을 알았기에 성도들에게 그 의미를 나누려고 노력했다. 사람은 새벽예배에 수십 명이 모이는 교회보다 수백 명이 모이는 교회에 더 감동을 받을지도 모른다. 하지만 적은 인원이 모여도 그들이 교회의 전 성도라면, 하나님은 매우 기뻐하고 감동하실 거라고 생각했다.

"성도 여러분, 우리 교회는 많은 성도가 모이는 큰 교회가 아닙니다. 하지만 100프로 새벽기도 참석으로 하나님을 감동시켜 봅시다."

우리 교회에 기도의 불을 붙인 첫 번째 새벽기도 총진군은 이렇게 시작됐다. 교계 신문에서 본 광고를 통해 부흥의 침체기를 극복하기 위한 방법으로 시작한 것이었지만, 사실 새벽기도는 모든 그리스도인들이 가져야 할 가장 중요하고 소중한 삶의 태도이다. 예수님이 그것을 보여 주셨다.

예수님의 삶은 기도의 삶이었다. 일부 교인들은 '새벽기도가 한국에만 있는 독특한 예배 문화'라고 말한다. 하지만 성경을 읽어 보면,

그 '독특한 예배 문화'는 이미 오래 전 예수님이 시작하신 것임을 알 수 있다.

> 새벽 아직도 밝기 전에 예수께서 일어나 나가 한적한 곳으로 가사 거기서 기도하시더니 (마가복음 1:35)

예수님은 새벽 일찍 일어나 기도로 하루의 삶을 시작하며 하나님의 거룩한 뜻을 구하셨다. 감리교의 창시자 존 웨슬리는 "개인적인 훈련을 위해 매일 기도로 하루를 시작해야 합니다. 싫든 좋든 매일 성경을 읽고 매일 기도하는 습관을 가져야 합니다."라고 말했다. 심지어 새벽기도에 나오지 않는 사람들을 '처음 사랑을 잃어버린 자들'이라고 말할 만큼 새벽기도를 강조했다.

기도는 영적 교제, 즉 하나님과의 대화이다. 부모와 대화하지 않는 자식은 부모의 뜻을 알지 못할 뿐더러 그릇된 길로 가게 될 가능성이 높다. 마찬가지로 하나님의 자녀인 우리도 하나님과 대화하지 않으면 하나님의 뜻을 알 수 없고, 하나님이 가지 말라고 하신 악한 길에서 인생을 낭비하게 된다. 옳고 그름에 대한 분별력은 하나님과의 대화를 통해 얻을 수 있는 하늘의 지혜이다. 하나님은 날마다 기도하며 성경을 읽고 하나님의 말씀에 귀 기울이는 자에게 성령의 은사를 부어 주신다. 그러니 전 교인이 합심하여 기도로 하루를 연다면, 그 교회가 어찌 하나님의 축복을 받지 않을 수 있을까.

순종으로 이룬 기적

새벽기도 총진군 21일 전부터 전광판에 'D-21'을 새겨 카운트다운에 들어갔다. 가장 필요한 것은 성도가 한마음으로 이 일에 동참하는 것이었다. 목사가 아무리 "100프로 출석으로 하나님을 감동시키자!"라고 외쳐도 성도가 그 일에 열정을 갖고 순종하지 않는다면, 100프로 출석은 결코 이룰 수 없는 일이었다.

모든 성도가 '내가 아니면 안 된다'는 주인의식을 가지고 주도적으로 참여하게 하기 위해 나는 사십 명의 전 교인을 모두 준비위원으로 임명했다. 수요예배가 끝나면 모두 모여 준비 사항을 점검하고 전도팀들의 전도 상황을 공유했다. 그 누구도 새벽에 일어날 자신이 없다거나 바쁘다는 이유로 자리를 벗어나지 않았다. 성도들의 순종에 가장 힘을 얻은 것은 목사인 나였다.

나는 교회의 새 역사를 쓰기 위한 첫걸음인 새벽기도 총진군의 목적을 열 가지 항목으로 정리했다.

하나, 주 예수 그리스도를 처음 입으로 시인하는 초신자의 신앙생활과 교회에 영적인 부흥을 꾀하고, 하나님의 말씀이 새벽을 통해 일평생에 영향을 미쳐 친밀함을 체험하도록 한다.

둘, 경건 훈련과 세상 속에서 방황하는 성도가 아닌, 성령충만한 상태로 개인의 영적 부흥을 유도한다.

셋, 기도하는 교회 공동체의 정체성을 파악하고 서로 위로와 권면과 전도의 자신감을 갖도록 한다.

넷, 나태해진 신앙을 다시 추스르고 죄의 고백과 회개함으로 하나님께 전심을 다하는 신앙 회복이다.

다섯, 21일 기도회를 통해 성도의 교제와 하나님께서 주신 섬김의 은사를 발견하고 교회의 일꾼으로서 사명을 다하는 데 있다.

여섯, 기도와 말씀이 충만한 성도가 있는 지역 교회로서 지역 사회에 성도들의 삶이 전도로 열매 맺도록 승화시킨다.

일곱, 말씀이 성도들에게 생명력 있게 성령으로 조명되어 회개의 역사와 기도 응답과 간증이 넘치는 교회가 된다.

여덟, 잎사귀만 무성한 무화과나무 같은 성도가 아닌, 열매 맺는 성도로 훈련시킨다.

아홉, 하나님께서 세우신 담임목사님과 모든 성도가 영적, 육적으로 호흡을 같이한다.

열, 주께서 말씀하신 전도의 사명과 선교의 사명을 충실히 하여 안주하지 않고 하나님의 나라가 확장되도록 기도로 뒷받침한다.

새벽기도 총진군 시작 하루 전날, 나는 거의 뜬눈으로 밤을 샜다. 모든 성도가 준비위원이 되어 100프로 출석을 목표로 달려왔지만 결과는 알 수 없는 일이었다. 하나님을 감동시킬 수 있는 예배가 되게 해 달라고 기도하며, 동시에 만약 빈자리가 많아도 실망하기보다 감사하겠다고 다짐했다. 그런데 이게 웬일인가. 교회 안으로 들어선 나는 눈을 의심했다. 세상이 아직 잠에서 깨지 않은 새벽에, 사십 명 가까운 성도가 자리를 가득 채우고 앉아 있었다. 그리고 그 모습은 21일째가 되는 마지막 날까지 이어졌다. 40명의 성도가 한 명도 빠짐없이 새벽기도 총진군에 참석한 것이다. 첫해 새벽기도 총진군은 혼신의 힘을 다한 성도들의 순종으로 '100프로 출석'의 기적을 이루었다.

'순종'이라는 단어는, 구약성경에만 440번 등장할 정도로 매우 중요한 의미를 가진다. 때로는 내 생각과 다르거나 불합리해 보이더라도 하나님이 말씀하시면 따르는 것이 순종이다. 그리고 우리가 하나님께 순종할 때, 하나님은 기적을 보이신다.

기드온의 행적이 기록된 사사기 6-8장에는 순종을 잘 보여 주는 이야기가 나온다. 당시 미디안은 7년 동안 이스라엘을 지긋지긋하게 괴롭혔고, 아말렉과 동방 사람들과 연합하여 이스라엘을 멸망시키려는 연합 작전을 준비하고 있었다. 이 큰 군대와 맞서 싸울 이스라엘 군사들은 겨우 3만2천 명뿐이었다. 그런데 군사를 모집해도 모자랄 상황에서 하나님은 군사의 수를 줄이라고 말씀하신다.

> 여호와께서 기드온에게 이르시되 너를 따르는 백성이 너무 많은즉 내가 그들의 손에 미디안 사람을 넘겨 주지 아니하리니 이는 이스라엘이 나를 거슬러 스스로 자랑하기를 내 손이 나를 구원하였다 할까 함이니라 (사사기 7:2)

하나님은 이스라엘이 많은 사람을 동원하여 전쟁에서 승리하게 되면, 하나님의 은혜가 아니라 자신들의 힘과 능력 때문이라고 생각하게 될 것을 아셨다. 그래서 군사의 수를 줄이라고 말씀하신 것이다.

하나님이 어떤 분이신가. 세상을 지으신 분, 모든 것을 하실 수 있는 능력의 주님이시다. 그 하나님이 도와주시면 어떤 전쟁에서도 승리할 수 있다. 하나님은 이스라엘이 오직 하나님만을 의지하여 싸움에서 이기기를 바라셨다. 기드온은 3만2천 명으로 나름대로의 작전을 짰을 테지만 하나님의 말씀 앞에서 자신의 계획을 주장하지 않았고, 하나님의 말씀에 순종하여 3백 명만 남겼다.

하나님은 남은 3백 명이 한 손에는 나팔을, 다른 한 손에는 항아리 속에 감춘 횃불을 들게 하셨다. 그리고 적진 가까이에서 나팔을 불고 항아리를 깨트리고 소리치게 하셨다. 미디안과의 전쟁에서 이스라엘 군사가 한 일이라곤 이것이 전부였다. 이스라엘이 싸움과 무관해 보이는 이 일에 순종했을 때, 하나님은 3백 명의 군사로 미디안 대군을 이기게 하셨다.

하나님이 기드온과 이스라엘에게 바라신 것은 오직 하나, '순종'이었다. 자칫 3만2천 명이라는 숫자에 가려질 수 있었던 하나님의 영광은 온전한 순종을 통해 높이 드러났다. 이렇듯 순종을 통해 하나님은 영광을 받으신다.

첫 새벽기도 총진군의 결실, 성전 건축

존 비새그노는 그의 책, 『적극적인 기도』에서 간구의 비결을 이렇게 소개한다.

"기도할 때 당신의 간구가 하나님께 상달되게 하라. 그리고 응답될 것이라는 사실을 긍정하고 미리 확신하라."

우리 교회는 존 비새그노의 말처럼, 적극적인 기도에 응답하시는 하나님을 자주 경험해 왔다. 그중 하나가 성전 건축이다.

첫 새벽기도 총진군의 열기는 쉽게 식지 않았다. 21일 동안 새벽기도를 쌓으며 은혜를 입은 성도들은 신이 나서 열심히 봉사하며 헌신했고, 두 번째, 세 번째 새벽기도 총진군에 대한 기대 또한 갖게 되었다. 그런 성도들을 보며 나에게는 절실한 소망이 하나 생기게 되었다. 작게나마 성전을 건축하는 것이었다. 점점 늘어나는 성도들로 40평의 예배 공간은 좁게 느껴지기 시작했고, 더 많은 성도가 함께 찬양하고 기도할 수 있는 성전을 꿈꾸게 된 것이다.

그런데 놀랍게도 1994년 첫 새벽기도 총진군을 마친 후, 하나님이 수원 권선동에 85평 성전 부지를 허락해 주셨다. 그리고 이듬해에 두 번째 새벽기도 총진군을 마쳤을 때, 구입해 둔 부지에 지하 1층 지상 3층에 이르는 연건평 200평의 성전을 건축하는 축복을 주셨다. 교회 부흥에 따른 성전 건축은 성도들에게 자원하는 마음을 불어넣었고, 성도들은 사르밧 과부가 마지막 남은 밀가루와 기름 한 병으로 빵을 만들어 엘리야를 섬겼듯이 자신이 가진 것으로 정성껏 건축헌금을 드렸다. 성도들의 헌금만으로는 땅값과 건축비를 합해 약 5억에 달하는 금액을 감당하기에는 역부족이어서 빚을 내야 했지만, 성도들은 모두 하나 된 마음으로 물질뿐만 아니라 몸으로도 최선을 다해 헌신했다. 모든 성도가 기쁨과 감사함으로 공사장에 나와 벽돌을 나르고 흙을 퍼 담던 날들을 결코 잊을 수 없다. 그렇게 지어진 건물은 지하를 본당으로 삼고, 1,2층은 재정적인 문제를 해결하기 위해 세를 주기로 결정했다. 그리고 3층은 사택으로 꾸몄다.

입당예배를 드리던 날, 얼마나 가슴이 벅찼는지 모른다. 휘장과 강대상을 보니 창문 하나 없는 지하 교회에서 불량배들의 흔적을 발견하고 울었던 날들이 떠올랐다. 단둘이 드리던 예배, 만삭인 아내와 성전 안에서 먹고 자고 하던 날들이 차곡차곡 쌓여 오늘에 이르렀다는 감동이 있었다. 아무것도 가진 것 없이, 아무것도 갖춰지지 않은 곳에서 오직 하나님만을 의지하며 걸어온 지난날이었다. 힘든 날도 많았지만, 하나님은 언제나 돕는 손길을 보내셔서 우리 교회를 인도하셨다. 돌아보면 어느 것 하나 감사하지 않은 것이 없었다. 당시 나는 그곳이 내 목회 인생의 마지막 터전이 될 것이라 생각하며, 그곳에서 더욱 열심히 기도하고 하나님의 말씀을 전하겠다고 다짐했다. 아직 가시지 않은 페인트 냄새 같은 것은 전혀 문제가 되지 않았다.

다윗 왕은 하나님을 위해 성전을 짓고 싶었지만 하나님은 허락하지 않으셨다. 대신 다윗의 아들 솔로몬이 성전을 짓도록 이끄셨다. 솔로몬은 성전이 완공된 뒤 제단 앞에 무릎을 꿇고 손을 들어 기도했다. 죄 지은 자가 회개하고, 병든 자가 회복되며, 자연재해로 인한 어려움이 해결되고, 전쟁에서의 보호와 승리를 간청하는 것은 물론, 이방인의 기도에도 응답해 달라는 내용이었다. 솔로몬은 교회가 성도들이 기도하는 곳, 그리고 하나님의 눈과 마음이 머무는 곳임을 알았던 것이다.

나도 새로운 성전이 그런 곳이 되기를 바랐다. 신학교를 다니면서 다짐했던 것처럼 누구라도 와서 기도할 수 있는 곳, 성도들의 기도를 들으시는 하나님을 경험하는 곳, 무엇보다 하나님께서 기뻐하시는 예배가 끊이지 않는 그런 성전이 되기를 기도했다.

성전 건축은 상가 개척교회가 꿈꾸기에는 너무 큰 소망이었다. 하지만 소망을 이루시는 분은 하나님이시니, 우리가 미리 주저할 필요는 없다고 생각했다. 하나님은, 소망을 이루시고 기도에 응답하시는 하나님을 믿고 적극적으로 간구한 교회의 꿈을 이루어 주셨다.

낮아짐의 자리

새 성전에서 나는 더욱 열정적으로 새벽기도 총진군을 준비했다. 총진군을 앞두고 매번 성도들 앞에서 출석 100프로를 선언하며 성도들을 독려하지만, 절반에 가까운 성도들의 출석에 관해서 확신할 수 없는 것이 사실이다. 처음부터 자신 없어 하는 성도도 있고, 반드시 나오겠다고 대답은 하지만 나오지 않는 성도도 있다. 그날이 되기 전에는 아무것도 확신할 수 없다. 그저 목사가 할 일은 끝까지 그들을 포기하지 않는 것이다.

1990년대만 해도 한국인의 정서상 목사가 직접 찾아가 사정하면 매몰차게 뿌리치지 못했다. 나는 무릎이라도 꿇을 각오로 성도들을 찾아가 이야기하곤 했다.

"집사님, 새벽기도 총진군에 한 번만 나오세요. 집사님이 참석하시는 모습에 힘을 얻어 함께 나올 성도들이 많이 있습니다."

목사가 직접 찾아와 사정하듯 말하면, 대부분의 성도가 거룩한 부담감 때문이거나 아니면 목사가 불쌍해서라도 교회에 나오게 된다.

한 영혼을 천하보다 귀하게 여기셔서 아들을 이 땅에 보내신 하나님의 사랑을 기억한다면, 불쌍하게 보여서라도 성도들을 기도의 자리로 인도해야 한다. 영혼 구원을 위해 목숨까지 내어놓아야 하는 것이 주의 종의 사명이 아닌가. 그런 점에서, 만약 교인이 200명인 교회에서 큰 행사를 앞두고 있다면 담임목사가 100명은 직접 만나서 이야기하기를 권한다. 강대상 앞에서 전 교인을 대상으로 선언하는 것과 일대일로 만나서 이야기하는 것은 다르다.

나는 전교인에게 호소하는 편지도 자주 써서 보냈다.

사랑하는 ○○○ 집사님,
올해 새벽기도 총진군이 한 달 남았습니다.
집사님께서 참석하신다면 하나님께서 감동하실 것입니다.
100% 출석으로 하나님을 감동시키는 시온교회만의 전통을 함께 만들어 가기를 바랍니다.

하근수 목사 드림

집에서 받는 목사의 편지는 성도의 마음을 움직인다. 이메일이나 문자로 보다 쉽게 메시지를 전할 수 있게 된 세상이기에 손 편지의 힘은 더욱 크다. 한 사람을 위해 펜으로 눌러 쓴 글자에는 목사의 진심이 묻어나기 마련이다.

그런데 이렇게 성도를 찾아가는 일이나 손 편지를 쓰는 일은, 목사가 스스로 낮아져야 할 수 있는 일이다. 마가복음 8장과 9장에는 낮아짐에 대한 이야기가 나온다. 예수님은 제자들에게 물으셨다.

"너희는 나를 누구라 하느냐?"

그때 베드로는 "주는 그리스도이십니다"라고 대답했다. '그리스도'란 하나님이 보내신 구원자, 곧 메시아이다. 베드로는 예수님이 하나님의 아들이심을 알고 있었다. 그런데 베드로의 고백을 들으신 예수님은 베드로의 대답에 긍정하시며, 모든 사람에게 칭송을 받는 높은 자리가 아닌 십자가 위에서 맞게 될 죽음에 대해 말씀하신다.

> 인자가 많은 고난을 받고 장로들과 대제사장들과 서기관들에게 버린 바 되어 죽임을 당하고 사흘 만에 살아나야 할 것을 비로소 그들에게 가르치시되 (마가복음 8:31)

그리고 예수님을 주인으로 삼은 성도의 자세에 대해 말씀하신다.

> … 누구든지 나를 따라오려거든 자기를 부인하고 자기 십자가를 지고 나를 따를 것이니라 (마가복음 8:34)

이 시대의 가장 무서운 이단은 '자기숭배사상'이다. 현대를 살아가는 많은 사람이 자신의 생각과 방법을 최고로 생각하며 자기 자신을 모든 가치의 우위에 두고 있다. 하지만 예수님은, 자신이 소중하게 여기고 자신이 옳다고 여기는 모든 것, 심지어 자기 자신까지 부인하고 십자가를 지어야 예수님의 제자가 될 수 있다고 말씀하신다. 우리는 예수님의 참 제자라고 말할 수 있는가. 제자가 되고 싶다고 기도하면서도 여전히 나 자신을 가장 소중하게 여기며 하나님의 뜻보다 나의 욕심을 이루기 위해 애쓰고 있지는 않은가.

제자들도 그러했다. 여전히 '자기를 부인하고 자기 십자가를 진다'는 것의 의미를 깨닫지 못했다. 그래서 예수님과 함께하는 중에도 더 높아지고 더 인정받으려는 욕망을 버리지 못했다.

> … 너희가 길에서 서로 토론한 것이 무엇이냐 하시되 그들이 잠잠하니 이는 길에서 서로 누가 크냐 하고 쟁론하였음이라 (마가복음 9:33-34)

예수님은 제자들을 불러 모아 스스로 높아지려는 제자들에게 말씀하신다.

> … 누구든지 첫째가 되고자 하면 뭇 사람의 끝이 되며 뭇 사람을 섬기는 자가 되어야 하리라 하시고 (마가복음 9:35)

권력을 싫어할 사람은 없다. 교회 안에서도 권력을 거머쥐고 행사하려는 사람이 있다. 하지만 더 큰 힘을 발휘하려고 애쓰며 서로 자신이 더 크다고 주장하다 보면, 교회도 세상의 여느 조직과 다를 바가 없어진다.

거룩한 성도는 구별되어야 하며, 그 구별됨은 낮아짐을 통해 실현된다. 목사와 친하다거나 직분을 맡았다거나 몇 대째 하나님을 섬기고 있다는 것이 신앙생활의 감사는 될 수 있지만, 사람 앞에서 뽐내며 높은 자리에 오르려는 이유는 될 수 없다. 예수님은 가장 낮은 자리에 서는 것만이 첫째가 되는 길이라고 말씀하신다. 예수님이 말씀하신 낮아짐은 삶의 중심을 자신이 아닌 하나님께 두었을 때 가능한 일이다. 그것이 내가 성도 앞에 엎드리는 것을 기뻐하는 이유다.

부흥의 새 역사를 쓰다

새벽기도 총진군 100프로 출석의 역사를 이어가고자 하는 성도들의 열정은 해마다 더 뜨거워졌다. 나오지 않을 것 같은 성도를 찾아가 함께 예배드리자며 격려하는 일이나 일일이 편지를 보내는 일도, 어느새 성도들이 먼저 나서서 하고 있었다. 성도들 안에서 자발적인 헌신이 일어난 것이다.

또한 우리 교회는 지역 신문을 제작해 관공서와 지역 주민의 연결고리를 만들어 주기도 하고, 어른 공경 잔치, 어린이 글짓기 대회, 그리기 대회, 소년소녀가장 돕기, 환경미화원 섬김 등 지역 주민들과 화합하는 자리를 마련해 비신자들과의 벽을 허물기 위해 노력했다. 그러자 점차 교회에 대한 인식이 좋아졌고, 새신자로 등록하는 경우도 많아지게 되었다.

이러한 성도들의 헌신과 지역 사회와의 연대는 교회 부흥으로 이어졌고, 이것은 입소문을 타고 교계에 퍼지게 됐다. 기독교 신문과 방송에서 연이어 취재 요청이 들어왔고, '한국 교회 부흥에 꿈과 희망을 주고 있다'는 격려 편지가 쏟아졌다. 하지만 부흥을 바라보는 내 마음에는 또다시 예배 장소에 관한 고민이 시작되었다.

1, 2부로 나누어 예배를 드리고 있었지만, 많아진 성도를 모두 수용하기에는 부족했다. 어느 해 송구영신예배를 드릴 때는, 본당은 물론 교육관까지 발 디딜 틈 없이 꽉 차서 어쩔 수 없이 집으로 돌아간 성도들이 있다는 소식을 들었다. 장소가 좁아서 예배를 드리지 못했다는 이야기에 얼마나 마음이 아팠는지 모른다. 그래서 새로운 성전을 꿈꾸며 기도했고, 기도 중에 이러한 마음이 들었다. '나는 하나님을 기쁘게 해 드리고, 하나님은 내 일을 하게 해 드리자.' 나는 지금껏 그러셨던 것처럼 이번에도 하나님이 이루실 것을 믿고 담대하게 선포하기로 마음먹었다.

2003년 12월 주일예배 설교를 하며, 나는 성도들 앞에서 선포했다.

"1996년, 하나님은 우리에게 귀한 성전을 허락하셨고 놀라운 부흥을 이루게 하셨습니다. 매 주일 두 차례 예배를 드리고 있음에도 불구하고 자리가 없어 되돌아가는 성도들을 생각하며 기도했습니다. 이제 새로운 꿈을 가져야 할 때입니다. 성전 건축 5개년 계획을 발표합니다. 2004년은 기도로 건축을 준비하는 해입니다. 2005년은 부지를 구입하는 해, 2006년은 성전을 설계하는 해, 2007년은 건축하는 해, 그리고 2008년에는 하나님께 헌당예배를 드립시다!"

성전 건축 5개년 계획을 선포하자 하나님은 기가 막힐 정도로 정확하게 일을 진행하셨다. 아무런 문제가 없었다는 의미가 아니다. 수원 권선동에서 행정구역상 화성인 동탄으로 이전하는 일에 대부분의 성도는 반대했고, 무려 100억 정도가 소요되는 건축 비용은 교회에 큰 부담이었다. 건축비를 제때 주지 못해서 건축이 지연되는 바람에 추운 겨울 천막에 모여 예배를 드렸고, 추위를 잡기 위해 난로를 때면 천막 안에 차오르는 연기 때문에 여기저기서 기침 소리가 끊이지 않았다. 일일이 다 말할 수 없는 여러 어려움이 있었지만, 문제를 만날 때마다 교회는 하나님께 기도하며 장애물을 넘었고, 기존 성도의 99.9퍼센트가 동탄에 지어진 새 성전에서 함께 예배를 드리게 되었다.

동탄시온교회에 와 본 목회자들은 어떻게 이렇게 넓은 부지를 구입할 수 있었는지 궁금해 하며 큰 목회를 감당하는 나를 대단하게 생각한다. 하지만 이것은 나의 능력으로 이루어진 일이 아니다. 내 능력으로는 이런 큰 목회를 할 수 없다.

어렵게 들어간 신학교에서 나는 늘 꼴찌였다. 어디 그뿐인가. 어려서 앓은 홍역의 후유증으로 혀가 짧아 발음이 정확하지 않다. 집회를 할 때면 더듬거리기 일쑤다. 일주일 내내 설교를 준비하지 않으면 강대상에서 한마디도 할 수 없는 수줍음이 여전히 내게 남아 있다. 그래서 한 번도 설교를 흡족하게 하고 강대상에서 내려온 적이 없다. 늘 부족했던 면이 아쉬워 나를 더 채찍질할 수밖에 없었다. 영성이 깊은 것도 아니다. 이런 부족한 사람이라서, 나는 하나님이 일하시도록 바랄 수밖에 없었다.

'나는 하나님을 기쁘게 하고, 내 일은 하나님이 하시게 하자'라는 다짐으로 오직 하나님의 기쁨이 되기 위해 노력했을 때, 하나님은 불가능해 보이는 일을 이루셨다. 신도시 동탄에 교회 부지를 준비하신 분은 하나님이셨다. 성도들을 주축으로 새벽기도 총진군의 열기가 더욱 불타오르게 하신 것도, 삼사십 대 젊은 세대와 주일학교가 부흥하게 하신 것도 모두 하나님이 하신 일이다.

성전 건축을 경험하며 다시 한 번 깨닫게 된 것은, 하나님의 일은 돈이나 세상의 기준으로 감당할 수 있는 일이 아니라는 것이다. 오직 하나님이 하실 때, 우리가 가진 능력의 30배, 60배, 100배의 결실을 맺을 수 있다. "그런즉 너희는 먼저 그의 나라와 그의 의를 구하라 그리하면 이 모든 것을 너희에게 더하시리라"마태복음 6:33는 하나님의 일하심을 경험한 내 삶의 요절 말씀이다.

나는 내가 위대하게 쓰임받으리라고 확신한다. 잘나고 똑똑하고 훌륭해서가 아니다. 못나고 부족한 사람이기 때문에, 이런 내가 쓰임받으면 하나님이 영광을 받으실 것이기 때문이다.

153 기도자 모집

1994년에 처음 시작한 새벽기도 총진군은 2016년인 올해로 23회를 맞는다. 그동안 "100퍼센트 출석으로 하나님을 감동시키자!"라는 호소에 전 성도가 순종하여 100퍼센트에 가까운 출석을 이루어 냈고, 그 역사는 지금도 계속 이어지고 있다. 나 한 사람으로 인해 100퍼센트 출석의 역사가 무너져서는 안 된다는 마음으로 전 성도가 하나로 똘똘 뭉쳐 서로 돕고 위로하며 기도로 준비하기 때문이다.

이러한 기도의 물결은 새벽기도 총진군이 시작되기 두 달 전, '153 기도회'의 기도자를 모집하는 것으로 시작된다. '153'이란 숫자는 부활하신 예수님을 다시 만난 베드로가 디베랴 바다에서 예수님의 말씀에 순종해 그물을 내렸을 때 잡은 물고기의 수에서 따온 것이다.

즉, '153 기도회'는 그물을 끌어올릴 수 없을 만큼 채워 주신 하나님의 은혜를 사모하는 성도들의 헌신을 의미한다. 다시 말하면, 올림픽을 앞두고 전 세계 곳곳의 많은 봉송자들을 통해 성화대가 점화되는 것처럼 교회 최대의 축제인 새벽기도 총진군의 기도의 불을 붙이기 위해 기도에 헌신된 기도자를 뽑는 것이다.

모집된 기도자 153명은 새벽기도 총진군 일주일 전부터 정해진 순서에 따라 하루에 1시간씩 교회 기도실에서 새벽기도 총진군을 위해 기도한다. 주일 오후 7시부터 릴레이로 기도를 하게 되면, 그 다음 주일 새벽 4시에 마치게 된다. 그리고 이때, 기도자가 어떠한 방해도 받지 않고 온전히 기도에 집중할 수 있도록 당직자는 4시간씩 교대로 기도자를 지킨다.

153 기도회에 참여한 성도들 중 일부는 처음으로 '1시간 동안 기도하기'를 경험했다고 고백한다. 사실 대부분의 성도가 자기 자신을 위해서도 하루 1시간 기도하는 것이 쉽지 않다. 그만큼 기도는 그리스도인의 삶에서 가깝고도 먼 곳에 있다. 153명이 1시간 기도의 경험을 나누는 것을 보며 기도의 장을 열어 주는 것이 교회의 역할이라는 생각이 들었다. 그래서 매년 153 기도자를 뽑을 때, 한 번도 안 했던 사람에게 우선순위를 둔다. 1시간 기도를 경험하고, 무언가를 시작하기 전에 기도로 준비하는 것이 큰 축복임을 체험할 수 있는 기회이기 때문이다.

153 기도자가 되어 주어진 시간표에 따라 기도의 자리를 지킨다는 게 생각처럼 쉽지 않다. 청년대학부라면 강의 없는 시간을 배정받거나 여의치 않다면 강의에 빠져야 할 수도 있다. 직장인라면 퇴근 후 피곤한 몸을 이끌고 교회에 나와야 한다. 특히 연세가 있는 분들에게는 체력적으로 힘든 일이다. 그럼에도 불구하고 153 기도자의 자리를 사모하며 순종함으로 기도하는 성도들의 모습이 무척 감동적이다. 목사인 내 마음에도 감동이 찾아오니 아버지 하나님의 마음은 오죽하실까.

하나님이 믿는 자에게 주시는 수많은 특권 중 가장 큰 특권은 기도다.

너는 내게 부르짖으라 내가 네게 응답하겠고 네가 알지 못하는 크고 은밀한 일을 네게 보이리라 (예레미야 33:3)

구하라 그리하면 너희에게 주실 것이요 찾으라 그리하면 찾아낼 것이요 문을 두드리라 그리하면 너희에게 열릴 것이니 구하는 이마다 받을 것이요 찾는 이는 찾아낼 것이요 두드리는 이에게는 열릴 것이니라 너희 중에 누가 아들이 떡을 달라 하는데 돌을 주며 생선을 달라 하는데 뱀을 줄 사람이 있겠느냐 너희가 악한 자라도 좋은 것으로 자식에게 줄 줄 알거든 하물며 하늘에 계신 너희 아버지께서 구하는 자에게 좋은 것으로 주시지 않겠느냐 (마태복음 7:7-11)

너희가 기도할 때에 무엇이든지 믿고 구하는 것은 다 받으리라 하시니라 (마태복음 21:22)

하나님은 우리가 기도하면 응답하시며, 구하는 것은 주신다고 말씀하신다. 이러한 분명한 약속을 두고도 우리는 기도하지 않으면서 축복을 바라고, 구하지 않으면서 찾고 있지는 않는가.

153 기도회 기도제목

교회를 위한 기도제목

① **2015년 새벽기도 총진군을 위해(10월 5일-10월 25일)**

좋은 일기(날씨), 성도들의 건강, 모든 일정과 진행 가운데 함께하시고, 전성도 100%가 참여하게 하소서

② **담임목사님의 목회를 위해**

보다 큰 영력과 능력을 주시고, 늘 건강을 지켜주시고, 더 큰 비전을 주셔서 동탄시온교회가 한국 교회와 세계를 섬기고, 건강하고 모범이 되는 위대한 교회가 되게 하소서

③ **부교역자들의 사역을 위해**

서로 협력하여 담임목사님을 돕고, 기쁨으로 감당하는 사역이 되게 하소서

④ **자녀들을 위해**

유치부 ~ 장년부까지 기도로 성령 충만하여 장년부와 교회학교가 동반성장하는 교회가 되게 하소서

⑤ **각 목장에 은혜가 임하며, 부흥이 일어나도록**

목자에게 지혜를 주시고, 목원들이 더욱 하나가 되어 영혼구원, 전도의 열매 맺는 목장들 되게 하소서

성도들을 위한 기도제목

① **동탄시온교회에 오는 새신자들이 잘 정착할 수 있도록**

상처 입은 심령들이 은혜를 받아 치유 받게 하소서

② **어려움에 처한 성도들을 위하여**

질병과 여러 가지 문제 가운데 힘들어하는 영혼들을 위로하시고, 응답하여 주소서

③ **성도들의 사업과 직장을 위하여**

어려운 시대에 형통함을 주시고, 물질의 풍성함을 주셔서 복음 전파의 도구가 되게 하소서

④ **주일성수, 성경읽기, 기도, 십일조 생활을 성실히 하는 성도들이 되도록**

영혼이 잘 되고 범사가 잘 되어 풍성한 삶을 누리게 하소서

⑤ **새벽기도 총진군을 통해 자녀의 축복, 믿음의 가정으로 든든히 세워지도록**

선교, 전도, 나라를 위한 기도제목

① 동탄시온교회가 후원하는 선교사와 교회가 잘 세워지도록

70여 곳의 선교지, 100명의 해외 아동, 74곳의 개인별 선교지가 주님의 은혜 가운데 잘 세워지게 하소서

② 동탄 신도시의 새가족들이 전도되며, 더욱 큰 부흥이 일어나도록

전도교육과 훈련이 잘 이루어지게 하시고, 열매가 맺어지는 전도가 되게 하소서

③ 나라와 민족을 위하여

하나님 앞에 죄를 회개하며, 다시금 부흥의 불길이 일어나도록 하소서. 온 국민의 화합과 경제가 안정되며, 국가 안보와 나아가 평화통일이 이루어지게 하소서

④ 북한 땅에도 주님의 복음이 전해지도록

목숨을 걸고 믿음을 지키고 있는 북한 그리스도인들의 희생의 열매가 맺어지게 하소서

⑤ 153기도의 역사가 일어나도록

153기도회를 통해 하나님께서 동탄시온교회를 향한 큰 계획하심이 이루어지게 하소서

자녀들의 새벽기도 훈련

우리 교회는 '장년부와 교회학교의 동반 성장'이라는 거룩한 꿈을 꾸고 있다. 현재 출석 교인은 장년이 1천5백여 명, 주일학교가 1천여 명이다. 우리나라 교회 두 곳 중 한 곳은 주일학교가 사라지고 없다고 하는데, 우리 교회는 주일학교 학생들을 수용할 교육관 공간이 부족해서 2015년에 새 교육관을 지었을 정도로 주일학교가 부흥하고 있다. 많은 목회자가 주일학교 부흥의 비결을 묻는다. 그때마다 나는 고심하다가 신도시의 특성상 동탄에는 삼사십 대 부부가 많이 살고, 우리 교회도 젊은 성도들의 비중이 높기 때문이라고 말한다. 그리고 마지막에 꼭 덧붙이는 말이 하나 있다.

"주일학교 학생들이 열심히 새벽기도를 해서 그런가."

새벽기도 총진군에 참여해 온 성도들은 그 시간이 주는 유익 중 하나가 '자녀들의 새벽기도 훈련'이라고 말한다. 새벽에 하나님을 찬양하고 하나님께 기도하는 태도를 어려서부터 몸에 익히고, 또 기도에 응답받는 은혜를 체험할 수 있기 때문이다.

수원 권선동에 있을 때, 3층 사택에서 새벽기도에 참석하기 위해 오는 성도들을 살펴보곤 했다. 그때마다 내 마음을 뭉클하게 했던 이들이 어린아이를 데리고 오는 엄마들이었다. 유모차에 아이를 태우고 오는 유모차 부대와 아기 띠로 한 아기를 업고, 한 손에는 좀 더 큰 아이의 손을 잡고 걸어오는 엄마들을 보면서, 자녀에게 신앙의 유산을 물려주는 것만큼 아름다운 게 또 어디에 있을까 싶었다.

새벽기도 총진군 기간 21일 중 하루는 유치부가 예배 사회를 보고, 기도와 특별 찬송을 한다. 어른도 뿌리치기 쉽지 않은 새벽잠의 유혹을 뿌리치고 나와 고사리 같은 손을 모아 예배하는 아이들의 모습은 늘 대견하고 감동적이다. 2015년에는 21일 간의 총진군을 마치고 통계를 냈을 때, 유치부 주일 평균 출석 인원인 150명인데 새벽기도 총진군 출석이 160명이었고, 그중 절반이 넘는 아이들이 21일간 하루도 빠지지 않았다는 것을 알게 되었다.

부모 없이 혼자 나오는 초등학생들도 제법 있다. 새벽기도 총진군에 가겠다고 조르는 아이를 교회에 다니지 않는 부모가 차로 태워다 주고 돌아가는 것이다. 또 부모와 함께 신앙생활하는 아이들 중에는 부모는 하루나 이틀 결석을 해도 아이는 개근을 하는 경우도 있다. 체력이 약해 예배 중에 코피를 쏟는 아이도 있고, 다리에 깁스를 하고도 나오는 아이도 있다. 그런 아이들을 보면 마가복음 10장 말씀이 떠오른다.

> 사람들이 예수께서 만져 주심을 바라고 어린 아이들을 데리고 오매 제자들이 꾸짖거늘 예수께서 보시고 노하시어 이르시되 어린 아이들이 내게 오는 것을 용납하고 금하지 말라 하나님의 나라가 이런 자의 것이

니라 내가 진실로 너희에게 이르노니 누구든지 하나님의 나라를 어린 아이와 같이 받들지 않는 자는 결단코 그 곳에 들어가지 못하리라 하시고 그 어린 아이들을 안고 그들 위에 안수하시고 축복하시니라

(마가복음 10:13-16)

새벽이면 먼저 일어나 "엄마, 오늘 새벽기도 꼭 가야 해요!" 하며 부모를 깨우는 아이들의 모습을 상상해 보라. 하나님을 사랑하고 예배를 사모하는 마음보다 더 큰 축복이 있을까. 실제로 때로는 아이의 신앙이 부모를 이끌기도 한다. 유치부 한 명이 새벽기도에 나오면 최소한 한 명이 따라 나온다. 바로 엄마다. 아빠까지 따라 나올 수도 있고, 할아버지, 할머니가 손주 때문에 나오는 경우도 있다. 이것은 곧, 아이들에게 바른 신앙교육을 시키는 것이 부흥의 비결이 된다는 뜻이기도 하다.

부모는 아이들에게 신앙의 본을 보이기 위해서라도 순수하고 정직한 신앙을 가져야 한다. 부모가 자녀에게 물려줄 수 있는 가장 귀한 유산은 신앙이다. 나는 늘 성도들에게 "세 살 기도 버릇이 팔십 인생 승리케 한다"라고 이야기한다. 아이들이 새벽예배 시간에 조는 것 같아도, 그 자리에서 선포된 하나님의 말씀은 아이들의 신앙의 기초를 다진다. 자녀들에게 졸린 눈을 비비며 엄마 아빠랑 새벽기도 총진군에 참석했던 추억, 가족이 함께 21일 동안 개근하며 출석 스티커를

붙이던 추억을 심어 줘라. 새벽기도 총진군이 끝난 뒤에도 매월 초하루 월삭기도회 때 담임목사님께 안수받던 추억, 추운 겨울날 언 손을 녹이며 새벽기도회에 참석한 추억을 심어 줘라. 말씀 안에서 다져진 신앙의 기초와 새벽기도의 추억은 아이가 인생을 포기하고 싶은 순간에 하나님을 기억하게 하고 새롭게 일어서는 힘이 되어 준다.

다니엘과 그의 친구 사드락, 메삭, 아벳느고는 소년의 나이에 바벨론에 포로로 잡혀 갔다. 포로면서도 왕이 내린 음식을 거부했으며, 우상에 절하지 않았고, 하루 세 번 철저하게 기도했다. 목숨을 걸고 신앙의 절개를 지킨 것이다. 도대체 어떤 신앙 교육을 받았기에 그토록 강건할 수 있었던 것일까.

다니엘의 성장기는 요시야 왕의 재임기와 맞물린다. 요시야 왕은 강건한 신앙을 바탕으로 모세의 율법에 따라 이스라엘 백성들을 교육했다. 그러한 교육이 내면의 질서를 잡았기에 어려운 상황과 타협의 유혹이 가득한 자리에서도 신앙의 순결을 지키며 영적 싸움에서 이길 수 있었던 것이다.

2015년 중동호흡기증후군 메르스가 온 나라를 공포에 떨게 했던 것처럼, 2009년에는 신종플루가 기승을 부렸다. 날마다 사망자 수가 늘었고, 엎친 데 덮친 격으로 치료제까지 동이 나서 구하지 못하는 상황이었다. 부흥 집회며 세미나, 강연 등의 일정이 모두 연기되거나 취소될 정도로 나라 안 상황이 심각했다. 새벽기도 총진군을 앞두고 있던 나는 걱정하지 않을 수 없었다. 고위험군에 해당하는 노령자는 물론, 유아를 둔 부모들이 나오기 힘들 것이라 예상했기 때문이었다. 특히 우리 교회는 유아나 초등학생 자녀를 둔 성도가 많았기에 걱정이 컸다.

그런데 첫날, 교회는 신종플루의 위험을 무릅쓰고 유모차를 끌고 아이를 업고 온 엄마들로 가득 찼다. 성도에게는 하나님께서 보호해 주시리라는 믿음이 있는데, 정작 목사인 나는 걱정이 되어 잠을 못 이루었으니 부끄럽기 그지없었다.

예배를 마친 뒤 문 앞에서 성도들과 눈을 맞추며 인사하는데, 갓난아기를 안은 한 성도가 다가와서는 아기가 열이 나기 시작한다며 기도를 부탁했다. 이마를 짚어 보니 '아이쿠!' 하는 소리가 절로 나올 만큼 뜨거웠다. 충분히 두렵고 걱정이 될 수 있는 상황에서도 어머니는 믿음으로 새벽기도 총진군에 참석한 것이었다. 신종플루가 돌고 있는 상황에서 내 아이가 고열이 난다면 나는 과연 새벽기도 총진군에 데려올 수 있을지 자신이 없었다. 나는 아이의 머리에 손을 얹고 간절한 마음으로 기도했다.

"하나님, 아픈 아이를 데리고 새벽 제단을 찾은 엄마의 마음을 헤아려 주시고, 아이를 하나님의 거룩한 능력으로 치료해 주시옵소서."

다음 날, 혹시라도 아이의 상태가 나빠지지는 않았을지 걱정이 되었다. 그런데 교인들 사이에서 어제 그 아이와 아이 엄마가 보이는 게 아닌가. 가슴이 벅차올라 눈물이 쏟아졌다. 늘 내 염려보다 앞서 가서서 문제를 해결하시는 하나님의 은혜를 새삼 깨닫게 되었다. 무서운 질병의 두려움도 이긴 어머니의 믿음은 사랑하는 자녀에게 줄 수 있는 가장 귀한 선물일 것이다.

큰 드림의 예물

구약 시대에는 '희생 제물'을 드렸다. 이것은 달리 말하면, 드리는 자의 희생이 깃들어 있어야 진정한 헌금이라는 의미가 된다. 같은 금액이라고 해도 주머니를 뒤적거려 손에 잡힌 돈을 하나님께 드리는 것과 삶의 고백을 담아 감사하는 마음으로 드리는 것은 전혀 다르다.

한 가난한 과부가 성전에 예배하러 왔는데, 때마침 예수님께서 과부가 헌금함 앞에 서 있는 모습을 보신다. 많은 돈을 헌금함에 넣는 부자들과 달리, 가난한 과부는 두 렙돈을 넣는다. 만약 과부가 사람을 의식했다면 두 렙돈은 부끄러워 드리지 못했을지도 모른다. 과부는 누구에게 칭찬받는 것을 기대해서가 아니라 그저 하나님의 은혜에 감사해서 헌금을 드린 것이다.

두 렙돈은 매우 적은 금액이었지만 과부에게는 생활비 전부였다. 나는 과부가 한 렙돈만 드렸어도 예수님이 감동하셨을 거라고 생각한다. 그런데 이 여인은 50퍼센트에 만족하지 않고 100퍼센트, 즉 자신이 가진 전부를 드렸다. 이것이 바로 헌금이 갖는 희생과 헌신의 정신이다.

이러한 정신은 사무엘하 24장에도 나온다. 다윗은 수많은 이스라엘 사람이 죽임당하는 것을 보며 모든 것이 자신의 잘못이라고 생각했다. 그리고 선지자 갓이 명한 대로 여부스 사람 아라우나의 타작마당에 올라가서 제단을 쌓기로 한다. 아라우나는 자신의 타작마당에 제단을 쌓아 백성에게 내리는 재앙을 멈추게 하려 한다는 다윗의 말에 자신의 소유를 내어놓겠다고 말한다.

"왕께서 기뻐하시는 것이라면 무엇이든 다 바치겠습니다. 번제로 드릴 소가 여기 있고 땔감으로 쓸 나무도 여기 있습니다."

하지만 다윗은 "거저 얻은 것으로 하나님께 제물을 바칠 수는 없다"며 아라우나의 제안을 거절하고 은 50세겔에 아라우나의 타작마당과 소들을 산다.

> 왕이 아라우나에게 이르되 그렇지 아니하다 내가 값을 주고 네게서 사리라 값 없이는 내 하나님 여호와께 번제를 드리지 아니하리라 …
> (사무엘하 24:24)

헌신에 희생의 값을 치르려는 마음이었다. 이처럼 제물에는 나의 땀과 노력, 헌신과 희생이 깃들어야 한다.

헌신적으로 드리는 것에 대한 이야기는 신약에도 있다. 바울은 마게도냐 교인들이 헌금하는 것을 보고 감동한다.

> 환난의 많은 시련 가운데서 그들의 넘치는 기쁨과 극심한 가난이 그들의 풍성한 연보를 넘치도록 하게 하였느니라 내가 증언하노니 그들이 힘대로 할 뿐 아니라 힘에 지나도록 자원하여 (고린도후서 8:2-3)

힘대로 하는 것도 감동인데 힘에 지나도록 자원하니 얼마나 감동인가. 그런데 이러한 자원은 하나님의 사랑을 경험한 사람들에게서 자연스럽게 나타나는 모습이다. 하나님의 은혜를 깨닫고 구원의 감동을 누리는 사람이라면, 형식적인 마음으로 주님 앞에 나올 수 없기 때문이다.

우리 교회는 새벽기도 총진군 기간에 두 가지 헌금을 드린다. '자녀를 위한 비전 씨앗 헌금'과 '큰 드림의 예물'이다. '자녀를 위한 비전 씨앗 헌금'은 자녀가 있든 없든 다음 세대를 위해 미리 심는 예물로 매일 드리는 헌금이다. 과거 우리의 부모들이 소 팔고 집 팔아 자식들을 뒷바라지한 것처럼 하지는 못하더라도 내 자식의 미래를 하나님 손에 맡기겠다는 각오로 예물을 드리는 것이다. 액수보다는 농부가 씨를 뿌리듯이 매일 심는 믿음이 중요하다. 그리고 '큰 드림의 예물'은 새벽기도 총진군 기간 동안 받은 은혜에 감사하며 마지막 날 드리는 예물이다.

첫 번째 성전을 건축해서 예배를 드리던 1998년에는 IMF의 영향으로 많은 회사가 도산했고, 회사의 구조조정으로 인해 갑작스럽게 직업을 잃은 근로자들이 많았다. 그 어려운 시기에 나는 새벽기도 총진군을 하며 '큰 드림의 예물'을 백만 원씩 드리도록 정했다. 당시 지하를 성전으로 쓰고 1층과 2층은 세를 주고 있었는데, 그러다 보니 불편한 점이 한두 가지가 아니었다. 주일학교를 위한 교육관이 없어 아이들이 성경공부에 집중하기가 어려웠고, 주일이면 세입자들로부터 시끄럽다는 항의가 끊이지 않았다. 지하만으로는 공간이 부족하여 세입자를 내보내기를 소망했지만, 교회 재정으로는 불가능한 일이었다. 그래서 새벽기도 총진군 때 성도들에게 말했다.

"나라 전체가 경제적으로 위기를 맞아 어렵다는 걸 잘 알고 있습니다. 하지만 어려울 때일수록 희생과 헌신으로 하나님께 예물을 드립시다. 이번 큰 드림의 예물은 1층과 2층 세입자를 내보내는 데 사용하겠습니다."

그 자리에 직장을 잃은 사십 대 가장인 집사님이 있었다. 그는 매일 아이들과 함께 새벽에 나와서 자신과 아내 그리고 두 아이의 이름으로 씨앗 헌금을 드렸다. 그리고 마지막 날 네 식구의 이름으로 각각 1백만 원씩 '큰 드림의 예물'을 드렸다. 그 집사님뿐만이 아니었다.

한번은 또 다른 집사님 내외분이 식사를 하자고 해서 만났다.

"목사님, 이 큰일을 이루시느라 얼마나 고생을 많이 하셨어요. 목사님 간증을 들으면서 가슴이 뭉클했습니다. 그때 제가 있었어야 하는데 죄송해요. 동탄시온교회가 가장 어려웠을 때 저도 있었어야 하는데 죄송합니다. 사업에 실패하고 남은 전 재산을 드립니다. 지금이라도 거룩한 이 성역에, 동탄시온교회 땀과 희생에 동참하고 싶습니다."

가난한 과부의 두 렙돈이었다.

"저는 받을 수 없습니다."

"목사님, 가장 힘들 때 저도 조금이나마 동참하고 싶습니다."

전 재산을 드린 그 희생과 헌신 앞에 나도, 그 집사님도 한참을 울었다.

이처럼 어려운 상황 가운에서도 성전을 생각하며 헌신을 다짐한 교인들의 정성이 모여 세입자를 내보내고 1층과 2층을 교육관으로 쓰게 됐다.

존 웨슬리는 "나는 주머니가 회개하지 않는 사람의 회개를 믿을 수 없다"라고 말했다. 내가 가진 것은 모두 하나님의 것이다. 우리는 입으로는 그렇게 고백하면서도 당장 내게 있는 것을 포기하는 것에 인색하다. 사실 '내 것'을 드리는 게 아닌데 말이다. 하나님은 독생자를 주셨을 정도로 우리를 사랑하셨고, 우리는 그 사랑으로 구원받고 영생을 보장받았다. 하나님의 은혜를 생각하면 하지 못할 일이 없어야

함에도 불구하고, 아직도 하나님께 하나님의 것을 드리면서 아쉬워한다.

캠브리지 대학의 학생이었던 시티 스터트는 공부도 운동도 잘하는 학생이었다. 학교 크리켓 챔피언이었으니, 한마디로 미래가 보장된 학생이었다. 그런 그는 학교에서 열리는 집회에 참석했다가 복음을 듣고 아프리카 선교를 위해 평생을 바치기로 결심했다. "보장된 미래를 포기하고 가는 게 너무 가혹한 희생이 아니냐"는 질문에 그는 이렇게 답했다.

"아닙니다. 예수 그리스도가 하나님의 아들이며, 그가 나를 위해 이 세상에 와 십자가에서 생명을 버리신 게 사실이라면, 내가 그분을 위해 바치는 어떤 희생도 결코 지나칠 수 없습니다."

참 그리스도인이라면 한 가난한 과부가 자신의 모든 것을 아낌없이 드렸듯이, 시티 스터드가 보장된 미래를 포기하고 아프리카로 떠났듯이, 내가 가진 모든 것을 다 드려도 부족하다는 마음이 바탕이 된 헌신과 희생이 반드시 있어야 한다.

모든 것이 합력하여 선을 이루고

새벽기도 총진군 기간이 되면 동원차량 운행팀은 바쁘다. 우리 교회는 동탄으로 이사 오기 전에 수원 권선동에 있었기 때문에, 지금도 당시 수원에 살면서 교회를 섬기던 교인들의 99.9퍼센트가 동탄시온교회를 섬기고 있다. 따라서 동트기 전 4시부터 차량을 운행해 수원시에 있는 교인들을 실어 나른다.

차량 가운데 가장 큰 대형버스를 운전하는 박명근 권사님은 새벽기도 총진군 기간이면 다른 교인들보다 2시간 일찍 일어난다. 한두 해 하고 마는 게 아니라, 2008년 이후로 10년 가까이 이어지고 있으니, 하나님을 사랑하고 교회를 위해 헌신하는 마음이 없다면 불가능한 일이다.

사실 박명근 권사님은 부인인 공은숙 권사님보다 교회에 늦게 등록했다. 하나님을 믿는 가정에서 태어나고 성장했지만, 성인이 되어서는 교회를 멀리했다. 집사 임명을 받은 아내의 권면으로 교회에 다시 나오기는 했지만, '공은숙 집사 남편'으로 불리며 교회를 왔다 갔다 하는 것이 전부였다. 그러던 중에 제자훈련을 받고 새벽기도 총진군에 참석하며 신앙이 세워지게 되었고, 새가족 환영회 때 권사님은 이렇게 선언했다.

"이제는 공은숙 남편이 아닌 박명근으로 불리겠습니다!"

말로만 큰소리친 게 아니었다. 주일예배에 빠지지 않는 것은 물론이고, 주일마다 교회 차량을 운전했다. 그리고 새벽기도 총진군 때는 이른 아침 수원까지 대형버스를 운전해 성도들을 실어 날랐다.

2015년 새벽기도 총진군을 마친 뒤 수원 권선동에 사는 홍복순 권사님이 이런 간증문을 교회 홈페이지에 올렸다.

"수원에서 동탄으로 새벽마다 차량으로 수고하시는 박명근 권사님께 감사드립니다. 새벽기도 총진군을 21년째 참석하고 있지만 올해는 그 어느 해보다 은혜롭고 힘들지 않게 참석했습니다. 박명근 권사님의 귀한 섬김 덕분입니다.

매일 어김없이 그 시간 그 장소에서 한 명, 두 명 버스에 태우시는데, 행여 보이던 분이 안 보이면 전화를 걸어 깨워서라도 데려가더라고요. 그렇게 더불어 가다 보면 어느새 차가 가득 찹니다. 가끔 던지는 농담도 어찌나 재밌는지 차 안에 웃음이 가득하니, 잠이 덜 깬 상태로 차에 탔다가 화기애애한 분위기에 완전히 잠이 깨어 교회에 도착하곤 합니다.

안개가 짙어서 앞이 안 보이는 날도 있었지만 안전 운행해 주시고, 큰 버스가 들어가기 힘든 공간에도 능숙하게 주차하십니다. 덕분에 저희가 은혜롭게 새벽기도 총진군을 마칠 수 있었습니다."

이제 박명근 권사님을 모르는 교인은 없다.

미국에는 '프레드 상'이라는 게 있다. 보잘것없는 일상에서 위대한 가치를 발견한 우체부 프레드를 기념하기 위해 만들어진 상이다. 그의 이야기가 세상 사람들에게 알려지게 된 것은 마크 샌번을 통해서이다. 프레드는 마크 샌번의 집에 편지를 배달하러 갔다가 집이 비어 있자 일부러 마크 샌번이 집에 있는 시간에 맞춰 다시 찾아갔다.

"무슨 일을 하시는데 집이 자주 비어 있나요?"

"저는 강연도 하고 책을 쓰는 작가입니다. 그래서 지방에 자주 내려갑니다."

"그러면 우편물을 모아서 샌번 선생님이 계실 때 한꺼번에 드릴게요."

마크 샌번은 미안한 마음에 거절했지만, 프레드는 괜찮다고 하며 이렇게 말했다.

"우편물이 쌓여 있으면 도둑의 표적이 되기 때문에 위험합니다."

샌번은 프레드의 배려에 감동했다. 그런데 알고 보니 프레드는 이미 마을의 모든 사람에게 그렇게 해 주고 있었다. 그에게는 섬김의 리더십Servant Leadership이 있었던 것이다. 우체부 프레드는 마을의 진정한 리더였다. 마크 샌번은 프레드의 이야기를 글로 써서 『우체부 프레드』라는 책을 냈다.

그런데 이러한 섬김의 리더십을 우리에게 먼저 가르쳐 주신 분이 있다. 바로 예수님이다.

> 인자가 온 것은 섬김을 받으려 함이 아니라 도리어 섬기려 하고 자기 목숨을 많은 사람의 대속물로 주려 함이니라 (마태복음 20:28)

예수님은 섬김의 본을 보이시기 위해 친히 제자들의 발을 씻겨 주셨다. 당시에는 앞뒤가 뚫린 샌들을 신고 다녔으니 발이 얼마나 더러웠겠는가. 베드로는 더러운 발을 예수님께 내어놓기 민망하여 거절하지만, 그런 그에게 예수님은 말씀하신다.

… 내가 너를 씻어 주지 아니하면 네가 나와 상관이 없느니라
(요한복음 13:8)

예수님이 오시기 전까지는 큰소리치고 군림하는 것이 리더의 모습이었다. 그래서 예수님의 제자들조차도 가진 힘을 행사하며 남들 위에 서는 것이 리더라고 생각했다. 야고보와 요한의 어머니가 예수님을 찾아와 자신의 아들을 예수님의 우편과 좌편에 세워 달라고 부탁한 것도 그런 이유였다. 그 말을 듣고 격분한 다른 제자들도 다르지 않았다. 그들의 마음속에도 높은 자리에 대한 열망이 있었다. 그러나 예수님은 참된 리더십에 대해 전혀 다른 말씀을 하신다.

예수께서 제자들을 불러다가 이르시되 이방인의 집권자들이 그들을 임의로 주관하고 그 고관들이 그들에게 권세를 부리는 줄을 너희가 알거니와 너희 중에는 그렇지 않아야 하나니 너희 중에 누구든지 크고자 하는 자는 너희를 섬기는 자가 되고 너희 중에 누구든지 으뜸이 되고자

하는 자는 너희의 종이 되어야 하리라 (마태복음 20:25-27)

　내가 부흥회에 갈 때마다 꼭 가져가서 소개하는 책이 있다. 금산교회 조덕삼 장로님의 이야기를 담은 책이다. 조 장로님은 금산 일대에서 대 부호이자 좋은 인품으로 소문난 사람이었다. 자신의 과수원을 바쳐 교회를 짓고, 자신의 집에서 마부로 일하던 이자익과 함께 신앙생활을 했다. 조 장로님은 자신보다 2년 먼저 장로 직분을 받은 이자익을 진심으로 섬겼으며, 그가 평양신학교에 입학해 졸업할 때까지 그를 후원하고, 금산교회 담임목사로 초빙했다. 이자익 목사님은 대한예수교장로회 총회장을 세 번이나 역임하며 한국 교회의 큰 지도자가 됐다.
　우리 교회의 새벽기도 총진군이 매해 은혜 가운데 이어질 수 있는 것도 준비하고 참여하는 성도들의 섬김이 있기 때문이다. 나는 교회 곳곳에서 섬김의 마음을 본다. 박명근 권사님처럼 자기 사업을 하면서 새벽 시간에 차량을 운행하는 일은 쉽지 않다. 새벽부터 밥을 지어 성도들에게 아침밥을 대접하는 것도, 모닝콜을 해서 깨우고 차에 태워 매일 데리고 오는 일도, 다른 성도보다 일찍 나와 자리를 안내하고, 스티커와 성경 말씀을 나누어 주는 일도 섬김의 마음 없이는 할 수 없다. 섬김의 마음으로 기꺼이 봉사하고 헌신한 성도들이 있었기에, 다음 해 새벽기도 총진군 때도 내가 하겠다고 선언하며 기다린 성도들의 낮아짐이 있었기에 새벽기도 총진군 100퍼센트 참석이라는 전통이 22년째 이어지고 있는 것이다.

아픈 자가 일어서는 새벽기도의 기적

지난 7월, 3부 예배 때 황의찬 어린이가 '나 주님의 기쁨 되기 원하네'라는 찬양으로 봉헌찬송을 불렀다. 의찬이는 심방 하나, 심실 하나인 반쪽짜리 심장을 가지고, 비장 없이 태어났다. 희귀난치성 복합 심장 기형으로 태어나자마자 수많은 호스를 꼽고 의료 장비에 의존해 누워 있었다. 의사는 생존률은 30% 미만이고, "살더라도 뇌에 산소 공급이 어려워 걷는 것이나 말하는 것도 장담할 수 없다"라며 비관적이고 절망적인 소견을 이야기했다. 하지만 의찬이는 10시간이 넘는 큰 수술을 세 차례나 받고, 믿음의 가족들의 중보기도를 통해 올해 여덟 살이 되어 초등학교에 입학했다. 의찬이의 찬양을 듣는데 온 가족과 성도가 새벽기도 총진군을 통해 함께 기도했던 일이 떠올라 가슴이 먹먹했다. 하나님은 기도하는 자를 저버리지 않으신다.

2015년 '기적 인생'이라는 주제로 새벽기도 총진군을 진행했다. 건강의 회복, 신앙의 회복, 가족의 구원 등 다양한 기도 제목이 응답을 받아 수많은 기적이 성도들의 삶 가운데 일어났다. 2015년 새벽기도 총진군 간증집에 실렸던 그 이야기들을 함께 나누려고 한다.

이병희 집사님은 오래전 갑상선암 수술로 갑상선을 절제했고, 최근에 담낭도 절제했다. 자궁근종 수술까지 총 세 차례의 수술로 인해 몸도 마음도 많이 약해져 있었다. 새벽기도 총진군이 진행되는 21일 동안 새벽에 일어나는 것 자체가 기적일 정도였다. 그동안 피곤하거나 힘들다는 생각이 들지 않았던 새벽은 한 번도 없었다. 지칠 대로 지쳐서 '언제 끝나나' 하는 생각을 하기도 했다. 육체의 회복은 물론 영적 회복도 절실한 상태였다. 그런데 작년 새벽기도 총진군 때는 몸이 전혀 피로하지 않았다. 한 번도 '언제 끝나나' 하는 생각을 한 적이 없었고, 날마다 풍성한 은혜를 경험했다. 그리고 12일 째 되던 날에는 강한 성령의 불길을 체험하고, 방언을 받았다. 육체가 연약해져 있을 때는 마음도 병들기 쉽다. 하지만 마음이 건강하고 영적으로 평온하면 육체의 질병도 회복된다. 집사님은 새벽기도 총진군을 통해 육체의 연약함을 극복할 힘을 얻었다고 말한다.

강연숙 성도님은 동탄에서 꽤 먼 서신에서 시골 폐교를 체험학교로 운영하며 살고 있다. 그녀는 상황에 따라 이 교회 저 교회를 옮겨 다니는 떠돌이 교인이었다. 몇 년 전부터 무릎 통증으로 고생을 하고 있었는데, 친구를 따라 참석한 2015년 새벽기도 총진군에서 놀라운 일이 일어났다. 하나님은 그녀를 날마다 눈물로 회개하게 하시며 영적으로 회복시키셨을 뿐만 아니라, 2주차에 담임목사님의 안수기도를 받고 무릎 통증이 사라지는 은혜를 경험했다.

이금주 성도는 작년 3월 처음 교회에 나온 새신자다. 10여 년 전 심한 주부 우울증으로 교회에 다니기 시작했지만, 시댁의 거센 반대로 신앙생활을 포기해야 했다. 당시 이금주 성도는 하나님께 이렇게 기도했다.

"하나님, 죽기 전에 하나님 앞에 다시 나오게 해 주세요."

그런데 그토록 교회에 못 나가게 했던 시댁 식구가 그녀를 다시 전도하는 날이 왔고, 동탄시온교회에 등록하게 됐다. 교대근무를 하는 직장에 다니고 있었지만 하나님을 기쁘시게 해 드리자는 생각으로 새벽기도 총진군에 참석했고, 방언을 사모하는 마음을 아신 하나님이 방언을 선물로 주셨다.

이은영 집사는 남편이 새벽기도 총진군에 참석하는 게 기도제목이었다. 하지만 밤늦게 들어오고 새벽에 일찍 나가는 남편에게 차마 새벽예배에 나가자는 말을 꺼낼 수가 없었다. 달걀로 바위를 깨뜨리는 심정으로 기도하며, 아무 말 없이 매일 아침 성경 말씀을 문자로 보냈다. 20일째 새벽까지도 딸과 아들과 함께 참석했던 그녀는 20일째 저녁에 남편에게서 놀라운 답을 들었다. "내일 새벽에 한 번 가볼까?" 결국 남편까지 참석해서 새벽기도 총진군을 마무리하며 그녀는 자신이 포기했을 때조차 하나님은 포기하지 않고 기적을 일으키시는 분이심을 깨달았다.

올해도 새벽기도 총진군이 시작된다. 올해에도 하나님께서 이루실 크고 작은 기적들이 성도들의 삶 속에 일어날 것을 기대한다. 기적은 사모하는 자의 것이다.

부흥의 도구, 새벽기도

1994년 수원 권선동 시온교회에서 새벽기도 총진군을 시작하며, 교인들을 하나로 만드는 새벽기도의 힘이 교회를 부흥시킬 것이라 확신했다. 군포영광교회의 이야기가 우리 교회의 이야기가 될 수 있다고 도전을 받았기 때문이었다. 교회성장을 위해 다른 교회의 성장 요인에 관심을 갖고 벤치마킹하는 것은 권할 만한 일이다. 우리 교회 새벽기도 총진군 때는 전국 각지의 목회자와 성도들이 찾아와 기도회를 참관한다. 2015년 새벽기도 총진군 때는 미국연합감리교회(UMC) 소속 목회자와 평신도 30여 명이 4박 5일 동안 기도회에 동참하기도 했다.

그런데 새벽기도 총진군을 시작한 교회들이 모두 성장하는 것은 아니다. 자신의 교회 실정에 맞게 새롭게 기획하고, 기도로 준비하며, 무엇보다 성도들이 자발적으로 참여하도록 하는 것이 중요하다. 남의 것을 빌려와 흉내 내기에 급급하다면, 핵심을 놓친 것이다.

많은 목회자가 새벽기도 총진군의 성공요인에 대해 묻는다. 그때마다 나는 "첫해에 성공하라"고 말한다. 첫해에 성공하면 그해 참석한 성도들은 다음 해에도, 그 다음 해에도 참여하게 된다. 함께 목표를 이루었다는 자신감과 기쁨뿐만 아니라 새벽기도의 은혜를 체험했기 때문이다. 첫해를 성공하여 전통을 만드는 것이 중요하다. 그러려면 내 교회에 맞는 프로그램을 기획하고, 무엇보다 기도로 준비하는 것을 잊어서는 안 된다.

우리 교회의 새벽기도 총진군을 위한 조직과 운영을 소개하는 것이 도움이 될지도 모르겠다. 모든 교회가 그렇듯이 우리 교회도 일 년 내내 분주하다. 1월에는 각 기관이 동계 수련회를 갖고, 3월에는 신년축복성회가 있다. 4월에는 시온가족한마음축제와 부활절이, 5월에는 바나바훈련과 6월로 이어지는 알파 코스가 있다. 7월과 8월에는 여름성경학교와 하계 수련회가 열린다. 유치부 여름성경학교가 시작되는 시점에 그해 새벽기도 총진군 매뉴얼 작업에 들어가고, '153 기도자 모집'으로 포문을 연다. 10월에는 새벽기도 총진군이, 11월에는 추수감사절과 깃발 축제가 열린다. 12월에는 성탄절 축하 예배가 열리고, 연말에는 '늦은비 5일 특별새벽기도회'로 한 해를 마무리한다. '늦은비 5일 특별새벽기도회'는 한 해의 마지막 5일만이라도 하나님을 진지하게 만나고, 1년간의 삶을 하나님 안에서 점검하여 새롭게 출발하자는 취지의 기도회이다.

이처럼 매달 많은 행사가 이어지지만, 새벽기도 총진군은 우리 교회의 특징이기 때문에 여름부터 기도로 준비하며 길을 닦는다. 21일간 100퍼센트 출석을 위해 가장 먼저 하는 일이 성도들을 홍보위원으로 세우는 것이다. 1994년 처음 시작할 때, 나는 배지를 제작해 가슴에 달고 다니게 했다. 새벽기도 총진군에 대한 기대감과 한 사람이라도 이 배지를 보고 올지 모른다는 소명의식 때문에 배지를 단 사람은 꼭 참석하게 된다. 내 아내도 배지를 달고 학교에서 수업을 했고, 의사인 집사님도 배지를 달고 진료를 했다. 성도들 중에는 잠옷에도 배지를 달고 자는 이도 있었다. 초중고 학생들이 학교에 갈 때 가슴에 새벽기도 총진군을 알리는 배지를 달기는 쉽지 않다. 한창 예민한 나이라서 부끄러움에 빼놓기도 하지만 그들의 마음속 배지까지 떼어낼 수는 없다. 목장별로 나누어 주변 주택가와 아파트, 상가를 다니며 홍보 전단을 배포하는 것도 잊지 않았다. 아파트 게시판에는 비용을 지불하고 전단지를 게시했고, 각종 신문에 전단지를 끼워 더 많은 사람이 볼 수 있게 했다.

조직적인 준비를 위해 총괄팀, 재정팀, 기도팀, 안내도우미팀, 새가족팀, 봉사섬김이팀, 동원차량 운행팀, 주차팀, 찬양 및 방송팀, 이렇게 9개 팀으로 나누어 매주 준비사항을 점검한다. 총괄팀은 장로들로 구성하며 총진군 전체 운행을 지원하고 예배당 입구에서 성도들을 맞이한다. 재정팀은 재정부가 맡아 새벽기도 총진군의 재정 관리를 담당한다. 기도팀은 중보기도팀이 맡으며, 총진군이 원활하게 진행될 수 있도록 담임목사를 비롯해 모든 총진군 팀을 위해 기도한다. 안내 도우미팀은 현관 및 1층 로비에서 성도들을 안내하고, 출석 스티커 및 매일 말씀을 나누어 준다. 새가족팀은 새신자 등록 및 자리 안내, 환영 등 새신자 관리를 담당한다. 봉사섬김이팀은 새벽기도 총진군 동안 아침식사를 포함해 각종 봉사가 필요한 곳에서 헌신한다. 동원차량 운행팀은 카풀자동차 함께 타기 운영과 새벽예배 시간에 늦지 않도록 차량 배치 및 운행을 담당한다. 찬양 및 방송팀은 찬양과 방송 및 영상과 관련된 모든 일을 맡는다.

성도들은 새벽기도 참가신청서에 아침식사, 모닝콜, 자동차 함께 타기 등을 신청하고, 기도 제목과 기도의 짝, 전도 대상자를 적어 제출한다. 모닝콜이나 자동차 함께 타기는 잠을 깨워 주는 사람이나 운전하는 사람이 깨야 다른 사람도 새벽기도에 나올 수 있기 때문에 책임감이 더욱 크다. 이렇듯 성도들이 유기적인 관계로 얽혀 있어 하나가 되어 움직이는 것이다.

새벽기도 총진군 때는 담임목사인 내가 21일간 말씀을 전한다. 평소 새벽기도 때는 성경을 한 장씩 읽는데, 새벽기도 총진군 때는 하나의 주제를 아우르는 스물한 개의 본문으로 구성하여 제자 훈련, 기도 훈련, 말씀 훈련, 헌신 봉사, 헌금, 교제 등 성도들의 신앙생활 전반에 걸친 이야기를 다룬다. 그리고 새벽기도 총진군이 시작되면 성도들에게 하루 한 장씩 요약한 것을 나누어 준다. 성도들은 매일 말씀을 들은 후 '오늘의 기도'를 함께 하고, 그날의 실천사항을 삶에 적용한다.

아무리 좋은 것이라고 해도 수고와 노력이 들어가는 일이라면 동기가 필요하다. 동기가 없으면 시작하기가 힘들고, 시작했다고 해도 지속하기가 어렵다. 고민 끝에 내가 생각한 것은 100퍼센트 도전이었고, 이를 위해 출석 스티커를 스스로 붙이게 했다.

한번은 집사님 한 분이 찾아왔다.

"목사님, 저는 개근을 했는데 우리 아이가 몸이 아파 하루를 결석했어요. 제 출석 스티커를 아이에게 붙여 주면 안 되나요?"

나는 집사님께 말했다.

"집사님, 출석 스티커는 얼마든지 더 드릴 수 있습니다. 하지만 나오지 않은 아이에게 출석 스티커를 붙여 주면 아이는 마음에 병이 듭니다."

스티커나 개근 상패처럼 눈에 보이는 상급이 때로는 우리의 행동을 이끌기도 한다. 하지만 보다 중요한 것은 하늘나라 상급이다. 나는 성도들이 새벽기도에 대한 강한 신뢰를 갖기 바란다. 여러 가지 인생의 장애물을 새벽기도로 극복한 나는, 새벽기도로 모든 것을 해결할 수 있다는 강력한 믿음이 있다. 전 세계적으로 문을 닫는 교회가 늘고 있고, 우리나라에도 새벽기도를 하지 않는 교회가 늘고 있다. 너무도 안타까운 일이다.

얼마 전 류기주 선교사님이 우리 교회에 오셔서 설교 시간에 이런 말씀을 하셨다.

"주후 1910년 우리나라 기독교 역사상 가장 위대한 부흥 운동이 일어났습니다. 바로 평양 대부흥운동입니다. 백만 명이 참석한 영혼 구원 운동으로, 이는 새벽기도회의 산물이었습니다. 전 세계 기독교가 힘을 잃어가고 있습니다. 그래도 대한민국의 기독교가 유럽 국가들의 전처를 밟지 않고 명맥을 유지하고 있는 것은 새벽기도의 힘입니다. 저는 세계 공회에서 한국 교회의 새벽기도에 대해 늘 이야기합니다. 새벽기도는 한국 교회의 자랑이기 때문입니다. 시들어가는 한국 교회를 새벽기도로 일으켜 세워야 합니다."

한국 교회는 기도를 통해 성장했다. 특히 새벽기도는 어려운 시기를 살아야 했던 한국 교회 교인들에게 하나님의 능력을 의지하고 성령을 체험하며 살아갈 수 있는 길을 제시했다. 그리고 그것은 여전히 한국 교회가 소중하게 생각하고 지켜야 할 축복이다.

3부

오직!
하나님의
영광을
위하여

> 그런즉 너희가 먹든지 마시든지 무엇을 하든지
> 다 하나님의 영광을 위하여 하라
> (고린도전서 10장 31절)

기적의 새벽

간혹 목사에게는 큰 장애물이 없을 거라고 생각하는 사람들이 있다. 그런 사람들에게 나는 27년간의 목회는 '고난과 역경의 극복기'였다고 이야기해 주고 싶다.

결혼한지 4년이 넘도록 아이가 생기지 않아 아내는 걱정이 많았다. 그런 아내에게 입양 이야기를 꺼낸 적도 있지만 아내는 아이를 낳기 원했고, 나는 아내와 함께 기도하며 신학교 동기들에게 아이를 갖도록 기도해 달라고 부탁했다. 그렇게 기도로 얻은 아이가 첫딸 예진이다. 당시 지하 교회에서 숙식을 해결하던 때라 아이를 낳아도 교회에서 키워야 하는 상황이었다. 아버지로서 내가 할 수 있는 일은 기도뿐이었다.

"하나님, 제게 귀한 자녀를 주신 은혜에 감사드립니다. 가진 것 없는 우리 가정에 태어난 이 아이가 부디 건강하게 자라게 해 주세요. 그것으로 충분합니다."

충분하다는 고백을 진심으로 드렸더니, 하나님은 출산을 앞둔 우리 부부에게 미리 예비하신 도움의 손길을 붙여 주셨다.

"전도사님, 여기서 아이를 낳아 키우시려고요?"

"네, 그래야죠."

"아이고 이를 어째. 어떻게 여기서 아이를 낳아 키운다는 말씀을 하세요."

주인집 집사님은 안쓰럽고 답답한 속내를 감추지 못해 눈물까지 글썽였다.

"전도사님, 제 말 잘 들으세요. 그리고 거절하지 않는다는 약속부터 하세요. 때마침 건물 2층에 원룸이 하나 비어 있어요. 오늘부터 사택으로 쓰세요. 아이를 위해 내어 드리는 거예요."

처음 본 젊은 전도사에게 선뜻 지하 공간을 내어 준 것으로도 모자라 사택까지 무상으로 쓰라고 하니, 도저히 염치가 없어 받을 수가 없었다. 하지만 집사님은 "제 마음 편하자고 하는 일이니 미안해하지 마세요."라며 2층으로 짐을 옮기라고 했다.

지금도 그때를 생각하면 가슴이 뭉클하다. 그분은 늘 내 아내를 '특별한 사모님'이라고 불렀다. 만삭의 몸으로 1시간 거리를 걸어 다니면서도 힘든 기색 한 번 없이 늘 웃으며 인사하고, 자신의 이야기를 묵묵히 들어주고 외로움을 이기게 해 준 말벗이라며 당신의 것을 아낌없이 나누셨다. 동탄 시온교회 봉헌예배 때, 늘 우리 부부에게 큰 힘이 되어 준 박순자 권사님께 감사패를 증정했던 일이 눈에 선하다. 감사패로 모두 전할 수 없는 감사가 지금도 내 가슴에 가득하다.

개척 교회 사모님들이 다 그렇겠지만, 아내는 첫아이 출산 후 나흘 만에 주일예배 반주를 했을 만큼 몸조리를 제대로 하지 못했다. 짧은 출산 휴가를 끝낸 뒤 학교에서 아이들을 가르치랴, 집에서 갓난아이 젖 먹이랴 몸이 남아나질 않았다. 그래서 새벽에 일어나기 힘들 때면 "하나님 아시죠. 제가 새벽예배 못 가도 이해해 주세요."라고 기도했다고 한다. 그런데 하나님은 새벽마다 아내를 깨우고 일으키셨다. 우는 아이를 업고 새벽예배를 가는 아내를 보며, 하나님은 사랑하시는 자를 어떤 방법으로든 기도하게 하신다는 것을 새삼 깨달았다.

개척 1년 만에 상가 건물 2층으로 이사한 뒤 우리 부부는 더욱 열정적으로 전도에 매진했다. 아내도 학교에서 돌아오면 아이를 업은 채로 전도지를 들고 노방 전도를 다녔다. 하루는 아내와 함께 15층 아파트를 층층이 오르내리며 전도지를 나눠 주는데, 갑자기 아내가 식은땀을 흘리며 얼굴이 사색이 되더니 아랫배를 부여잡고 주저앉았다. 둘째를 임신한지 모르고 날마다 전도를 하러 돌아다니느라 유산이 된 것이었다. 그 뒤로도 아내는 몇 차례 더 아이를 가졌지만 이내 유산으로 이어졌다. 첫 유산 이후 제대로 몸조리를 하지 못한 탓에 몸이 망가져 습관성 유산을 경험한 것이다.

1994년 첫 번째 새벽기도 총진군을 할 때, 아내는 임신하고 7개월 동안 누워만 지내고 있었다. 이미 몇 차례 유산을 경험했기에 아이를 지키기 위해 매우 조심했지만, 안타깝게 조산했고 아이는 5일만에 우리곁을 떠났다. 나는 상처받고 가슴 아파할 아내가 불쌍하고, 미안해서 날마다 눈물로 기도했다. 하지만 아내는 하나님의 방식으로 아픔을 이겨 내고 있었다.

"여보, 나는 괜찮아요. 아픔을 통해 하나님께서 주신 깨달음이 더 크니까요. 아픔을 겪지 못했다면 고난으로 인해 좌절하고 낙망한 사람들을 이해할 수 없을 거예요. 술 취한 사람으로 오해받을 만큼 기도했던 한나의 눈물도, 이삭을 주시겠다는 하나님의 약속이 이루어지기까지 25년을 기다린 사라의 인내심도, 사랑하는 남편의 자식을 갖지 못한 라헬의 서글픔도 이해할 수 없었어요. 그런데 이렇게 몸소 체험하고 보니 그 아픔이 곧 내 아픔인 것처럼 절실하게 느껴져서 기도하지 않을 수가 없어요. 하나님이 우리에게 사무엘과 같은, 이삭과 같은, 요셉과 같은 아이를 주실 거라 믿어요."

아내는 아이를 잃은 아픔에 많은 날을 울었지만, 그 가운데서 하나님의 특별한 은혜를 깨달아 가고 있었던 것이다. 식사 때마다 "하나님, 엄마가 동생 낳게 해 주세요!"라고 기도하는 첫째 아이를 보며,

하나님이 아이의 기도에 응답해 주시기를 간절히 바랐다. 하지만 하나님은 쉽게 둘째 아이를 허락하지 않으셨다.

그로부터 1년 정도 흐른 뒤, 우리 교회에서 부흥회를 가질 때였다. 강사인 곽전태 감독님이 새벽 집회 때 설교하시다가 축복기도를 해 주셨다.

"하나님의 축복이 여기 이 자리에 모인 성도들에게, 병상에 있는 하나님의 백성들에게, 그리고 태중에 있는 아기들에게도 임하기를 바랍니다."

오랫동안 아이를 바라며 기도해 왔기 때문인지 가슴에 찌릿찌릿한 전율이 일었다. 그런데 집회가 끝나고 집으로 돌아오니 아내가 눈물을 글썽이며 "곽 감독님이 '태중에 있는 아기들에게도'라고 하시는데 갑자기 아랫배에 찌릿한 전율이 일더니 주체할 수 없을 만큼 뜨거운 감동이 느껴졌어요."라고 말하는 것이 아닌가. 하나님의 응답이 틀림없었다. 우리는 두 손을 잡고 하나님께 감사의 기도를 드렸다.

그리고 얼마 뒤 둘째 임신 사실을 알게 됐다. 우리는 여러 차례 경험한 유산을 통해 하나님께서 태아를 지켜 주지 않으시면 무사히 출산하지 못할 것이라는 사실을 분명히 알고 있었다. 그 열 달은 우리에게 기도의 시간이었다. 아내는 누워서 시간을 보내며 위기의 순간이 닥칠 때마다 병원 치료를 받았고, 나는 그때마다 무사히 아이를 출산하게 해 달라고 간절히 기도했다. 그렇게 얻게 된 아이가 바로 둘째 아들 예성이다. 이 아이는 하나님이 새벽 집회를 통해 주신 값진 선물이다.

자녀는 하나님의 축복이다. 아이를 낳고 싶은데 임신이 되지 않는 부부의 아픔은 사람들이 상상하는 것 이상으로 크다. 여러 번 시험관 시술을 받아도 끝내 아이를 갖지 못한 사람들의 상실과 낙심은 이루 말로 다할 수 없다. 나는 새벽기도를 통해 불임을 극복하는 성도들을 보며 세상의 그 어떤 첨단 의료 기술보다 하나님의 기술이 더 위대하다는 것을 새삼 깨닫는다. 성도의 삶은 세상의 이치로 다 설명할 수 없다.

나에겐 아직 새벽이 있다

이순신 장군을 주인공으로 한 영화 '명량'에서, 수군을 폐하려는 선조에게 이순신은 편지를 써 보낸다.

"신에게는 아직 열두 척의 배가 있습니다. 죽을힘을 다해 싸운다면 적을 막을 수 있습니다. 만일 지금 수군을 폐하신다면 이는 적이 가장 바라는 바일 것입니다."

열두 척의 배로 일본 해군을 이기는 것은 기적이 아니고서는 불가능한 일이었다. 하지만 이순신은 자신에게 있는 열두 척 배의 힘을 믿고 끝까지 싸우고자 했다. 전쟁을 바라보기보다 자신에게 있는 것, 자신이 할 수 있는 일에 집중했던 것이다.

그리스도인에게 있어 기적을 일으키는 열두 척의 배는 기도다. 하지만 많은 성도가 기도의 소중함과 힘을 쉽게 인식하지 못한다. 그래서 바쁘다는 이유로 그리 대단해 보이지 않는 기도를 자꾸 뒤로 미룬다.

"너무 바빠서 기도할 시간이 없어요."

너무 바빠서 기도할 시간을 낼 수 없다면, 최후의 전투를 앞둔 이순신처럼 이렇게 말해 보자.

"나에게는 아직 새벽 시간이 남아 있습니다. 죽을힘을 다해 기도한다면 고난을 이길 수 있습니다. 만일 지금 기도하지 않는다면 이는 사탄이 가장 바라는 바일 것입니다."

나만큼 새벽잠이 많은 사람도 없을 것이다. 고등학생 시절, 새벽에 돼지를 잡으러 가기 위해 잠을 깨우는 어머니에게 5분만, 10분만 더 자겠다며 울 때가 한두 번이 아니었다. 얼마나 애절하게 사정을 했으면, 어머니가 울음을 터트릴 정도였다. 목회를 한 지 27년이나 된 지금도 나는 새벽이면 알람시계와 전쟁을 치른다. 휴대전화의 알람을 포함해 서너 개의 알람을 끄고 잠들고 끄고 잠드는 일을 반복할 정도다. 그럼에도 불구하고 새벽기도를 빠지지 않는 이유는, 하루의 첫 시간이며 가장 헌신하기 힘든 시간을 하나님과 함께하는 것의 가치를 알기 때문이다. 다이아몬드가 비싼 것은 귀하기 때문이다. 가장 귀한 시간을 드릴 때 하나님은 기적을 일으키신다.

하나님은 우리의 피난처시요 힘이시니 환난 중에 만날 큰 도움이시라 그러므로 땅이 변하든지 산이 흔들려 바다 가운데에 빠지든지 바닷물이 솟아나고 뛰놀든지 그것이 넘침으로 산이 흔들릴지라도 우리는 두려워하지 아니하리로다셀라) 한 시내가 있어 나뉘어 흘러 하나님의 성 곧 지존하신 이의 성소를 기쁘게 하도다 하나님이 그 성 중에 계시매 성이 흔들리지 아니할 것이라 새벽에 하나님이 도우시리로다

(시편 46:1-5)

내가 가장 좋아하는 성경 구절 중 하나인 시편 46편은 열왕기하 19장을 배경으로 한 시다. 히스기야 왕이 이스라엘을 다스리던 시절, 앗수르의 왕 산헤립이 18만5천 명의 군사를 이끌고 이스라엘을 쳐들어왔다. 산헤립은 예루살렘 성을 포위한 뒤, "항복하면 목숨만은 살려 주겠다"고 엄포를 놓았다.

국가적 위기 앞에서 히스기야는 하나님께 엎드렸다. 그리고 이른 아침 그 많은 앗수르의 군사들이 모두 죽어 있는 것을 보게 되었다. 히스기야의 간절한 기도를 들으신 하나님께서 하신 일이었다.

개척 교회 시절, 아내와 단둘이 새벽에 기도할 때마다 붙들었던 말씀이 있다.

나를 사랑하는 자들이 나의 사랑을 입으며 나를 간절히 찾는 자가 나를

만날 것이니라 (잠언 8:17)

'간절히'라고 해석된 히브리어 '샤하르'는, '새벽에', '이른 아침에'라는 뜻이다. 즉 이 말씀은 하나님을 사랑하고 새벽에 찾을 때, 하나님이 도우시고 만나 주신다는 의미이다. '새벽에 도우신다'는 말씀은 지금도 변함없이 내 삶을 이끌고 있다. 그리스도인이 삶의 어려움과 불가능을 극복하는 비결은 하나다. 바로 새벽 시간에 엎드려 기도하는 것이다. 하나님은 하루의 첫 시간을 하나님께 드리는 사람을 만나 주신다.

기독교의 역사는 새벽의 역사라고 해도 과언이 아니다. 애굽을 탈출해 40년간 광야 생활을 한 이스라엘 백성은 하나님이 보내신 만나와 메추라기로 끼니를 해결했다. 매일 먹을 만나를 내려 주신 시간은 새벽이었고, 이스라엘 백성이 하늘에서 내려오는 양식을 거두는 시간도 아침이었다.

> 저녁에는 메추라기가 와서 진에 덮이고 아침에는 이슬이 진 주위에 있더니 그 이슬이 마른 후에 광야 지면에 작고 둥글며 서리 같이 가는 것이 있는지라 (출애굽기 16:13-14)

무리가 아침마다 각 사람은 먹을 만큼만 거두었고 햇볕이 뜨겁게 쬐면

그것이 스러졌더라 (출애굽기 16:21)

나는 나를 영적으로, 육적으로 살찌우는 일용할 양식, 즉 영혼의 만나를 먹고 있는가? 우리는 하나님이 주시는 양식 없이는 건강하게 살 수 없는 사람들이다. 영혼의 만나 없이도 문제없이 살아가고 있다면, 그것이야말로 진짜 문제다.

출애굽한 이스라엘 백성들은 가나안 땅에 이르기 전, 먼저 여리고 성을 함락해야 했다. 여리고 성은 가나안 땅에 있는 여러 성들 중 첫 번째 성이었고, 전략적으로 매우 중요한 성이었다. 그런데 여리고 성은 성벽의 두께가 무려 11미터가 되고, 외벽과 내벽이 따로 이루어진 매우 견고한 성이었다. 한마디로 쉽게 무너뜨릴 수 없는 난공불락의 요새였다. 하지만 하나님은 그 성을 이스라엘 백성들에게 넘기셨다고 말씀하신다.

> 여호와께서 여호수아에게 이르시되 보라 내가 여리고와 그 왕과 용사들을 네 손에 넘겨 주었으니 너희 모든 군사는 그 성을 둘러 성 주위를 매일 한 번씩 돌되 엿새 동안을 그리하라 (여호수아 6:2-3)

그리고 일곱째 날 이스라엘 백성들이 새벽 일찍 일어나 여리고 성을 일곱 번 돌 때, 마침내 성은 정복된다.

일곱째 날 새벽에 그들이 일찍이 일어나서 전과 같은 방식으로 그 성을 일곱 번 도니 그 성을 일곱 번 돌기는 그 날뿐이었더라 일곱 번째에 제사장들이 나팔을 불 때에 여호수아가 백성에게 이르되 외치라 여호와께서 너희에게 이 성을 주셨느니라 (여호수아 6:15-16)

인생을 살며 우리는 수많은 여리고 성을 만난다. 내 힘으로는 도저히 극복할 수 없을 것 같은 장애물이 앞을 가로막아 낙심하는 일이 얼마나 많은가. 그럴 때마다 우리는 먼저 인간의 도움이나 세상 지식으로 문제를 해결하려고 애쓴다. 하지만 견고한 여리고 성을 정복하고 넘어설 수 있는 길은 오직 하나님의 방식뿐이다.

새벽기도, 소통을 위한 최적의 시간

내 목회는 전적으로 새벽기도의 힘으로 이루어지고 있다고 해도 과언이 아니다. 수요일 저녁까지 집회를 하고 돌아와서도, 해외 집회를 인도하고 돌아와서도, 지구를 반 바퀴 돌아 이스라엘 성지순례를 다녀와서도, 이튿날 새벽 4시경이면 피곤한 몸을 이끌고 어김없이 교회로 향한다.

사실 새벽기도에 대한 나의 열심은 신학교 시절에도 유명했다. 신학교 3학년 때 기숙사 사생장사생들의 총 책임자을 맡았다. 신학생이라고 해서 모두 새벽기도를 하는 것은 아니었다. 신학교이니 영성 훈련이 필요하다는 생각에 새벽기도 운동을 시작하기로 마음먹었다.

"내일부터 새벽기도회를 하겠습니다. 모두 참석해 주세요."

기숙사 학생들은 모두 눈이 동그래져서 나를 쳐다봤다. 하지만 당시만 해도 사생장이 한다고 하면 따라야 했기에 아무도 반대 의견을 내지 않았다. 나는 새벽 5시면 일어나 방마다 다니며 학생들을 깨웠다.

"자, 다들 일어나세요!"

나의 등쌀에 못 이겨 잘 떠지지 않는 눈을 비비고, 하품을 하면서 학생들은 새벽기도에 참석했다. 지금도 그때 함께했던 후배나 동기들을 만나면 그 시절 새벽기도 운동이 개인의 영성 회복은 물론 목회를 하는 데 큰 힘이 된다고 이야기를 한다.

하루의 첫 시간인 새벽은 하나님을 향한 경외의 마음을 표현할 수 있는 최고의 시간이다. 성경은 첫 열매를 하나님께 드리라고 한다. 그런데 시간에 있어서도 처음 것을 드릴 수 있다면 그보다 더 큰 축복은 없을 것이다.

네 재물과 네 소산물의 처음 익은 열매로 여호와를 공경하라 그리하면
네 창고가 가득히 차고 네 포도즙 틀에 새 포도즙이 넘치리라

(잠언 3:9-10)

나의 하루는 새벽에 성전에 엎드려 하나님께 하루의 계획을 보고하는 것으로 시작한다. 말씀을 전하는 일과 수많은 만남 속에 하나님의 선한 뜻이 이루어지고, 두렵고 어려운 일들이 합력하여 선을 이룰 수 있게 해 주실 것을 믿으며 맡기는 것이다. 또 서로를 존중하는 부드러운 대화 속에 중요한 이야기가 잘 전달되게 하시고 좋은 결과를 얻을 수 있도록 도움을 청하는 것이다.

> 이와 같이 성령도 우리의 연약함을 도우시나니 우리는 마땅히 기도할 바를 알지 못하나 오직 성령이 말할 수 없는 탄식으로 우리를 위하여 친히 간구하시느니라 마음을 살피시는 이가 성령의 생각을 아시나니 이는 성령이 하나님의 뜻대로 성도를 위하여 간구하심이니라 우리가 알거니와 하나님을 사랑하는 자 곧 그의 뜻대로 부르심을 입은 자들에게는 모든 것이 합력하여 선을 이루느니라 (로마서 8:26-27)

간혹 새벽기도는 목사나 교회 직분자만이 하는 것으로 생각하는 사람들이 있다. 이제 막 등록한 새신자이니 새벽기도에서 제외될 수 있다고 생각하는 것이다. 실제로 예전에 "새벽기도가 필요한 사람은 누구냐"는 질문을 받은 적이 있다. 그때 나는 이렇게 답했다.

"성도라면 누구에게나 새벽기도가 필요합니다. 새신자로 막 등록한 사람, 모태신앙이거나 교회를 오래 다녔지만 구원의 확신이 없는 사람, 하나님과 관계가 멀어진 사람, 고난과 역경 속에 서 있는 사람, 모두 해야 할 기도가 새벽기도입니다."

물론 교회에 갓 등록한 새신자가 새벽기도를 하는 일은 쉽지 않다. 하지만 무슨 일이든 시작할 때의 마음가짐과 태도는 매우 중요하다. 운동을 배울 때도 기초를 잘 다져 놓아야 실력이 향상되지 않는가. 반면, 기초를 잘 다져 놓지 않으면 어느 단계에서는 더 이상 성장이 이루어지지 않는다. 신앙생활도 마찬가지다. 처음 시작할 때, 새벽기도든 주일성수든 십일조 봉헌이든 잘 배우면 든든한 신앙의 기초가 다져지는 셈이다.

새벽은 가장 고요한 시간이자 깨어 있기 힘든 시간이다. 달콤한 잠의 유혹을 떨치는 것이 힘들지 않은 사람은 없다. 자신을 이겨 내야만 깨어 있을 수 있는 시간임에 분명하다. 따라서 그 시간을 하나님께 드리는 것은 내어 주기 가장 힘든 것을 하나님께 드리는 것과 같다. 그것이 몸에 배면 가장 소중하게 여기는 것을 기꺼이 하나님께 내어 줄 수 있는 신앙을 갖게 된다.

새벽기도는 성도와 하나님 간의 소통의 시간이자 목회자와 성도 간의 소통의 시간이다. 목회자와 성도는 영적인 부모자식 관계다. 혈연으로 맺어진 부모자식 사이도 소통하기 힘든 시대가 된 지금, 영적 부모자식 간의 소통은 더더욱 힘들 수밖에 없다. 그 힘든 소통을 가능하게 하는 데 새벽기도만큼 좋은 시간도 없다. 예컨대 성도가 낯선 사람을 데리고 나왔다면 누구인지 묻고 인사를 나누기도 하고, 사업장을 오픈한다면 성도들이 함께 축복기도를 해 주기도 한다. 늘 보이던 성도가 보이지 않으면 안부를 묻고 그날그날의 애경사를 공유하기도 하며, 생일이나 취직, 시험 합격을 축하하기도 한다.

"○○ 자매님, 자리에서 잠시 일어나세요. 성도 여러분, 오늘은 ○○ 자매님의 생일입니다. 모두 박수로 생일 축하해 주십시오."

"○○ 형제님, 자리에서 잠시 일어나세요. 오늘 개학하는 청년들이 있다면 다 일어나 주세요. 한 학기 동안 하나님께서 함께 해주시길 기도하겠습니다."

주일예배나 수요예배, 금요철야예배 때는 일일이 다 챙길 수 없는 것들을 가능하게 하는 시간인 것이다. 또한 나는 성도들의 일상을 나눌 뿐만 아니라 내 스케줄을 교인들에게 알리기도 한다.

"오늘은 ○○교회에서 집회가 있습니다.", "감리교 지방 수련회를 갑니다.", "성지순례를 갑니다." 등을 이야기하며 새벽마다 성도와 소통하는 것이다.

이 소통을 극대화하는 우리 교회 새벽기도만의 특별한 관례가 있다. 365일 새벽예배 때 대표기도 담당자가 세워지는데, 그날은 기도자의 가족이 다 함께 예배에 참석해야 한다. 멀리 출장을 간 가족이나 결혼을 한 자녀들도 그날만큼은 모두 참석한다. 심지어 교회를 다니지 않는 남편이나 자녀도 참석하도록 한다. 대표기도 담당자가 앞에 나와서 기도를 하는 동안 가족들은 뒤에 서서 기도에 힘을 실어 준다. 그리고 대표기도를 마치면 나는 기도자와 가족들을 성도들에게 소개한다.

"○○ 집사님 남편분이신데 아직 교회에 나오지 않으시지만 오늘만큼은 아내의 부탁을 받아 참석하셨습니다. 이제 고3이 되는 첫째 아이, 고1이 되는 둘째 아이가 한 해 동안 열심히 학업에 임할 수 있도록 박수로 응원해 주시기 바랍니다."

사실 장년 출석 성도만 1천5백 명이 넘는 우리 교회 규모에서 성도의 가족까지 얼굴을 기억하기란 목회자로서도 쉽지 않다. 하지만 이렇게 온 가족이 나와서 성도들에게 인사하는 시간을 갖고 나면 뚜렷하게 각인된다. 그리고 예배를 마친 뒤 대표 기도자의 가족을 강단 위로 올라오게 해 안수기도를 한다. 대표 기도자의 가족에게 이토록 뜻깊고 특별한 새벽 시간은 없을 것이다.

나는 성도가 "목사님, 기도 받고 싶은데 언제 가면 좋을까요?"라고 물으면 "새벽기도회에 오세요!"라고 답한다. "목사님과 상담하고 싶은데 언제 만나 뵐 수 있을까요?"라는 질문에도 역시 "새벽기도회에 오세요!"라고 답한다. 수원 권선동 시절, 대심방을 할 때는 새벽 5시 40분에 첫 가정을 심방했다. 이처럼 나는 새벽기도회를 가지고 목회를 한다고 해도 과언이 아니다. 그만큼 내 목회에 있어 새벽기도의 비중은 크다.

인사만 잘해도 먹고는 산다

'인사만 잘해도 먹고는 산다'는 동탄시온교회의 표어다. 개척교회 시절 나는 늘 교회 밖으로 나와 지역 주민에게는 물론 노점상, 상가, 관공서, 병원을 돌며 인사를 했다. '인사만 잘해도 먹고는 산다'는 아버지의 가르침이 뼛속 깊이 새겨져 있기 때문이었다. 아버지는 시골 약방에서 드링크제 한 병을 사면 절반만 마시고 가져 오셔서 "콩 한 쪽도 나눠 먹어야 한다."며 남은 음료수를 주시곤 했다. 신학을 공부하고 목사가 되고 보니 인사와 나눔이야말로 기독교의 정신이라는 것을 알게 되었다.

수원 권선동에서 목회할 때 교회 앞뒤 집부터 찾아가 인사를 하고 교회에 나올 것을 권하기도 했다. 하루는 동사무소에 찾아가 직원들에게 인사를 하는데 안쪽에 있는 책상에 '동장 ○○○'이란 명패가 보였다. 동장님께 다가가 내 소개를 하고는 공손하게 교회에 한번 나와 주시기를 부탁드렸다.

"동장님은 교회에 다니시지는 않지만 우리 동네에서 가장 어른이지 않습니까. 시온교회 교인들도 권선동 주민들인데, 한번 교회에 오셔서 이 어려운 시기에 용기를 내라고 격려해 주세요."

IMF가 터지기 직전이라 사회적으로 매우 어려운 시기였다. 처음 본 목사의 요청이 뜻밖이었을 텐데 동장님은 언제 가면 좋을지 물었다. 단순한 인사치레가 아니어서 예배 시간을 알려드렸는데, 실제로 그 주 주일 낮에 동장님은 인사를 하러 교회에 오셨다. 설교가 끝난 뒤 나는 성도들에게 동장님을 소개했다.

"성도 여러분, 동사무소에 인사를 하러 갔다가 동장님께 시온교회에 한번 오시라고 말씀드렸는데 오늘 참석하셨습니다. 동장님! 격려의 말씀 부탁드립니다."

한번 참석해 달라는 부탁에 어려운 발걸음을 해 준 것만으로도 감사한데, 동장님은 그 이후로 계속 예배를 드리러 오셨다.

"동장님, 약속을 지키셨으니 이제는 안 오셔도 됩니다."

그러자 동장님은 머리를 긁적이며 환하게 웃으셨다.

"다음 주, 그 다음 주에도 올 건데요."

순간 나는 내 귀를 의심했다. 그저 동네 어른에게 인사를 하러 갔을 뿐인데, 하나님은 그 짧은 만남을 통해 그를 하나님의 자녀로 이끄신 것이다. 동장님은 6개월 뒤 세례를 받고 2년 뒤에는 집사가 되셨다. 나는 인사만 했을 뿐 다 하나님이 하신 일이다.

인사는 내 전도 비법이다. 전도는 관계를 맺는 일에서부터 시작되는데 그 일이 어떻게 인사 없이 이루어질 수 있는가. 전도는 골방에서 이루어지지 않는다. 만남을 통해 관계를 맺을 때 전도가 된다. 전도를 하려면 사람들과 마주하며 사람들 속에서 살아야 한다. 눈을 감고 "예수 천당, 불신 지옥"만을 외쳐서는 사람들을 교회로 인도할 수 없다. 권선동 시절, 관공서를 돌며 취재한 내용으로 지역 신문을 만들고, 교회 주최로 지역 주민들이 참여하는 글짓기 대회, 그리기 대회, 경로잔치 등을 연 것도 관계를 맺기 위한 것이었다.

얼마 전 '응답하라 1988'이라는 드라마가 큰 인기를 얻었다. 나는 시청하지 못했지만 드라마가 불러온 1980년대와 1990년대의 향수가 어떤 것인지는 알 것 같다. 그 시절에는 반찬 한 가지를 해도 골목 사람들끼리 나눠 먹을 줄 알았고, 옆집에 사는 사람들과는 왕래하며 살았다. 무언가를 베풀어도 되받기 위해 계산하지 않았고, 무언가를 받았을 때 갚아야 한다는 선한 부담감은 있어도 마음만은 즐거웠다. 있는 것으로 나누며 함께 누리는 기쁨이 있었다. 사회는 그 온기를 잃어 버렸는지 모르지만, 예수님의 피 값으로 세워진 교회는 그때나 지금이나 한결같이 따뜻한 사랑으로 사람들을 감싸야 하지 않을까. 응답하라 1988의 인기는 우리 모두의 가슴에 남은 나눔과 더불어 사는 삶에 대한 그리움일 것이다.

인사를 열심히 한다는 것이, 인사하기가 쉽다는 의미는 아니다. 사실 낯선 사람과 인사를 하면서 민망하고 무안한 경우도 적지 않다. 한번은 새로 지어진 산부인과가 눈에 띄어 들어갔는데, 내가 시온교회 담임목사임을 밝혔음에도 불구하고 간호사와 원장님이 나를 불청객 취급하며 퉁명스럽게 대했다.

"나 알아요? 왜 모르는 사람에게 인사를 하고 그래?"

그럴 때는 상처를 받아 주눅 들기보다는 '명분이 없으니 그럴 만도 하다'고 생각하며 이해해야 한다. 실제로 열 번 중에 아홉 번은 이런 식으로 무안을 당할지도 모른다. 하지만 그 가운데 한 번은 하나님이 예비하신 만남이 있다고 나는 믿는다. 그리고 더욱 재미있는 것은, 첫 만남이 좋지 않았다고 해서 계속 좋지 않은 관계로 이어지는 것은 아니라는 점이다. 결혼 12년 만에 어렵게 둘째 아이를 임신한 아내가 어려움을 겪을 때마다 우리 가정에 도움을 주었던 분은 바로 내 첫 인사를 받아주지 않았던 산부인과 원장님이었다. 이 원장님 덕분에 둘째 아이는 무사히 세상 빛을 볼 수 있었다. 생명의 은인이라 말해도 아깝지 않은 분이다.

많은 교회가 비신자들에게 열려 있는 곳이 되기 위해 여러 가지 노력을 기울인다. 그러한 노력은 쉽게 열매를 얻지 못한다고 해도 포기하지 말아야 할 것이 교회의 역할이다. 그리고 동시에 교회 안에 들어온 새신자에게도 신경을 써야 한다. 일부 새신자 중에는 소외되고 외로워 혼자 방황하다가 교회를 떠나는 사람도 있다. 교회 안으로는 들어왔지만, 진정한 관계 안으로는 들어오지 못한 것이다.

"교회에 가니 다 끼리끼리 모여 있고 저만 혼자더라고요. 제가 먼저 다가가기 힘들었어요."

오래된 교회일수록 오랫동안 친분을 유지해 온 사람들끼리만 똘똘 뭉치는 '동질적 응집현상'이 심각하다.

사울은 다메섹으로 향하는 길에 하나님을 영접하게 되자 마음을 돌이켜 예루살렘 교회를 찾아가서 성도들과 교제하려 했다. 하지만 예루살렘 교인들은 그를 받아들이지 않았다.

> 사울이 예루살렘에 가서 제자들을 사귀고자 하나 다 두려워하여 그가 제자 됨을 믿지 아니하니 (사도행전 9:26)

'살기등등해서 교회를 핍박하고 멸하려던 사람'이라는 선입견 때문에 성도들은 사울을 피하고 두려워했다. 그때 나선 사람이 바나바였다.

> 바나바가 데리고 사도들에게 가서 그가 길에서 어떻게 주를 보았는지와 주께서 그에게 말씀하신 일과 다메섹에서 그가 어떻게 예수의 이름으로 담대히 말하였는지를 전하니라 (사도행전 9:27)

바나바는 바울이 예수님과의 만남을 통해 이전과는 다른 사람이 됐음을 알고, 예루살렘 교인들에게 그를 소개했다. 이후 바울은 예루살렘에 출입하며 예수 그리스도를 전파했고, 그로 인해 온 유대와 갈릴리와 사마리아 교회에 부흥이 일어났다.

참 전도는 하나님을 믿지 않는 사람을 데려와 교회에 등록을 하는 것으로 끝나는 게 아니다. 우리 교회는 예배 시간에 목사인 나를 비롯해 모든 성도들이 가슴에 이름표를 단다. 한 사람의 새신자를 위해 1천5백여 명의 성도가 이름표를 다는 것이다. 또한 '바나바 훈련'이라는 7주간의 새신자 양육 프로그램을 통해 더 많은 관계를 만들어 가도록 노력한다. 바나바가 회심한 바울을 외면했던 예루살렘 교회 교인들과 바울 사이에 다리를 놓아 주었던 것처럼, 새신자 한 사람당 바나바가 한 명씩 붙어서 그가 교회에 정착하도록 돕는다. 특이점이라면, 바나바 훈련에서는 인사 훈련을 한다는 것이다. 일주일에 한 명씩 성도를 찾아가 인사하는 게 숙제다. 이 숙제의 목표는 담임목사는 물론 기존 성도들과 관계를 만들고 교인으로서 소속감을 갖게 하는 것이다.

옛사람을 버리고

한번은 새벽기도회를 마치고 주차장에 갔는데, 성도 한 분이 우두커니 서서 누군가를 기다리고 있었다. 안쪽에 차를 주차하여 바깥쪽에 주차된 차의 주인을 기다리고 있는 것이었다.

"집사님, 앞뒤로 차를 조금씩 움직여서 옆으로 빠져 나와 보세요."

언제까지 기다려야 할지도 모른 채 서 있는 집사님이 안쓰러워 이야기하니 집사님이 별일 아니라는 듯 이렇게 대답했다.

"목사님, 기다리는 즐거움도 있습니다."

많은 사람이 기다림에 인색해진 요즘, 기다리는 즐거움도 있다는 집사님의 말에 가슴이 뭉클했다.

나는 예배 후반부 광고 시간에 종종 이렇게 말한다.

"여러분이 주일날 차를 가져오면 누군가는 불편합니다. 그런데 내가 조금 불편하면 누군가는 편합니다. 선택은 여러분이 하시기 바랍니다."

어느 교회나 주차에 대한 고민이 많다. 주차장은 한정되어 있는데 너도나도 차를 가지고 오니 차 세울 곳이 없는 것이다. 비 오는 날, 내가 비 안 맞고 교회까지 올 수 있는 공간에 주차를 했다면 누군가는 먼 곳에 주차를 하고 비를 맞으며 걸어 와야 한다. 내가 비를 맞더라도 먼 곳에 주차를 하고 우산을 쓰고 오면, 누군가는 비 맞지 않고 올 수 있는 곳에 차를 댈 수 있다는 배려의 마음이 교인들에게 필요하다. 우리 예수님이 늘 말씀하신 게 배려가 아니던가.

> 그러므로 무엇이든지 남에게 대접을 받고자 하는 대로 너희도 남을 대접하라 이것이 율법이요 선지자니라 (마태복음 7:12)

세상의 관점에서는, 내가 대접받은 만큼 남을 대접한다. 요즘에는 내가 대접받지 못한다고 생각되면 화부터 낸다. 그것이 자존감이 높은 거라고 잘못 생각하는 사람도 있다. 그런데 자존감은 내가 다른 사람을 대하는 태도에 의해 나타난다. 자존감이 높은 사람은 남을 존중할 줄 알고, 다른 사람이 나를 대하는 태도에 민감하게 반응하지 않는다. 누군가 무례한 태도로 나를 대한다면, 그것은 상대방이 가진 결점이라고 생각하기 때문이다.

안타깝게도 수많은 그리스도인이 자기중심적이고 이기적인 옛사람을 버리지 못한 채 신앙생활을 하고 있다. 더울 때는 시원한 자리를 양보하고, 추울 때는 따뜻한 자리를 양보하는 마음이 배려다. 그리스도인이라면 기꺼이 손해를 감수할 줄도 알아야 한다. 성도는 신앙의 성숙과 인격 성숙이 함께 이루어져야 한다. 신앙의 성숙에만 관심이 있고 다른 사람은 배려하지 않는 것은 이기적인 신앙이다.

이기적인 신앙은 우리 마음속에 뿌리를 틀고 있는 교만으로부터 비롯된다. 물론 인격적 성숙은 구원과는 직접적인 관련이 없지만, 우리 속에 있는 악한 것들을 떨쳐 버리고 구원받은 자녀답게 인격적 성숙을 이루기 위한 노력을 해야 한다. 그것이 예수님의 참 제자가 되기 위한 마땅한 태도이다.

『나니야 연대기』라는 판타지 소설을 쓴 세계적인 작가 C.S. 루이스는 자신의 저서 『순전한 기독교』에서 "자신이 신앙생활을 한다는 사실 때문에 스스로 선한 사람으로 느껴질 때는 확실히 하나님이 아니라 악마를 따르고 있다고 보면 된다."라고 말했다. 스스로 선한 사람은 이 세상에 아무도 없다.

> 또 이르시되 사람에게서 나오는 그것이 사람을 더럽게 하느니라 속에서 곧 사람의 마음에서 나오는 것은 악한 생각 곧 음란과 도둑질과 살인과 간음과 탐욕과 악독과 속임과 음탕과 질투와 비방과 교만과 우매함이니 이 모든 악한 것이 다 속에서 나와서 사람을 더럽게 하느니라 (마가복음 7:20-23)

성경의 인물 중 가장 존경하는 인물이 누구냐고 물으면, 나는 욥을 꼽는다. 의인이었던 욥은 순식간에 전 재산과 자식들을 잃고, 괴로운 피부병까지 얻었다. 그의 곁에 있는 사람들은 하나둘 떠났고, 욥의 아내는 "당신에게 고통을 주는 하나님을 왜 계속 섬기려 하느냐? 차라리 하나님을 욕하고 죽으라."며 독설을 내뿜었다. 이런 회복 불가능한 고난 속에서 욥은 이렇게 고백한다.

> 그러나 내가 가는 길을 그가 아시나니 그가 나를 단련하신 후에는 내가 순금 같이 되어 나오리라 (욥기 23:10)

욥은 신앙의 성숙과 인격의 성숙이 함께 이루어졌기 때문에 극복하기 힘든 고난 속에서도 흔들리지 않고 하나님의 선하신 뜻을 기다리며 바라볼 수 있었다.

'인격의 성숙'이라는 관점에서 성경의 인물 중 천국에 가면 꼭 만나고 싶은 사람은 로마서 16장 1절에 등장하는 여 집사 뵈뵈다. 로마서 16장은 사도 바울이 전도여행 중 어려움을 겪을 때 도움을 준 인물들을 적어 놓은 장으로 서른 명이 넘는 인물이 등장한다. 그중 첫 번째 인물이 바로 뵈뵈다.

> 내가 겐그레아 교회의 일꾼으로 있는 우리 자매 뵈뵈를 너희에게 추천하노니 너희는 주 안에서 성도들의 합당한 예절로 그를 영접하고 무엇이든지 그에게 소용되는 바를 도와줄지니 이는 그가 여러 사람과 나의 보호자가 되었음이라 (로마서 1:1-2)

영어 성경에는 뵈뵈를 'servant일꾼'이자 'succour보호자'라고 명시한다. 그녀는 이방인이었지만 사도 바울이 제2차, 제3차 전도여행을 할 때 브리스길라와 아굴라와 함께 고린도에 교회를 세운 인물이다. 그야말로 큰 일꾼이 아닌가. 당시 고린도에서의 복음 사역은 매우 힘들었다. 유대인들은 그의 전도 활동을 방해했고, 이방인들의 우상숭배와 타락은 극심했다. 하지만 사도 바울의 제2차, 제3차 전도여행으로 인해 복음은 아시아와 유럽 지역으로 전파되었다.

또한 바울은 그녀를 '보호자'라고 칭한다. 알려진 바에 의하면 뵈뵈는 꽤 부유한 과부였다. 그러나 그녀는 자신의 모든 지위를 내려놓고 종의 자리에서 사도 바울이 말씀 전파하는 일을 보필하며 든든한 보호자가 되어 주었다. 후에 그녀는 바울의 서신을 로마에 전하는 귀중한 임무를 감당하기도 한다.

인격적 성숙 없이는 일꾼도, 보호자도 될 수 없다. 하나님의 일을 하다 보면 수많은 고난과 위기를 겪는다. 그때마다 낙심하거나 마음의 상처를 받아 "쉬고 싶어요.", "그만 두겠습니다."라며 자신의 직분을 고사하거나 두문불출한다면, 믿고 의지할 수 없을 것이다.

인격적 성숙은 내가 무척 강조하는 인사와도 연결된다. 인격적 성숙이 드러나는 대표적인 행동이 바로 인사이기 때문이다. 어느 병원에 병문안을 갔는데 로비에 붙은 현수막이 눈에 들어왔다.

"이제는 고객의 감동을 넘어 고객을 기절시키는 서비스로 모시겠습니다."

육체의 질병을 치료하는 병원도 감동을 넘어 기절시키는 서비스로 모시겠다는데, 상한 심령을 치유하며 영혼을 살리는 교회가 이기적이고 자기중심적인 신앙에 안주할 수는 없는 일이다. 교회는 새신자가 오면 먼저 다가가서 그의 이야기를 들어 줄 수 있어야 한다.

어느 교회에서 있었던 일화다. 모자를 쓴 중년 여인이 예배에 참석했다. 그런데 모자 때문에 뒷사람들은 목사님의 얼굴이 잘 보이지 않았다. 2주, 3주가 지나 한 사람이 용기를 내어 말했다.

"저기, 죄송한데 모자를 좀 벗어 주시겠어요. 뒤에서 목사님 얼굴이 잘 보이지 않네요."

그러자 중년 여인이 반색하며 말했다.

"아이고 벗어야죠. 죄송해요. 제가 이 교회에 나온 지 6개월 만에 처음으로 말을 걸어 주었어요."

6개월 만에 말을 걸었다는 게 조금은 과장된 말일 수도 있지만, 현대 교회의 모습을 반영하고 있다는 점에서 이 일화가 잊히지 않는다. 소통이 사라지고 대화가 사라진 교회, 등록하기 부담스러워 매주 예배만 살짝 드리고 가는 '뜨내기 성도'가 늘고 있는 현대 교회의 모습이 씁쓸하다. 자기중심적이고 이기적인 신앙을 내려놓고, 예수님의 피 값으로 구원받은 자로서 인격적 성숙을 이루어 가는 성도가 늘어나길 바란다. 모든 변화는 나로부터 시작된다.

고난도 축복이다

하나님을 믿지 않는 사람들 중에 겉으로 봤을 때는 아무런 걱정 없이 사는 것처럼 보이는 이들이 있다. 걱정이 없을 뿐만 아니라 도리어 남보다 좋은 것을 먹고 입으며 인생을 더 즐겁게 산다. 그럴 때면,

'저 사람은 하나님을 믿지 않는데도, 돈도 많고 몸도 건강하고, 아무런 걱정이 없어 보이네. 하나님을 믿는 나는 늘 걱정거리가 떠나지 않는데…' 하는 생각이 슬그머니 들어온다. 하지만 눈에 보이는 세계가 우리 삶의 전부는 아니다. 우리에게는 영적인 세계가 존재한다. 참 그리스도인이라면, 육적인 세계뿐만 아니라 영적인 세계에 대해서도 인식할 줄 알아야 한다.

영적인 세계를 인식하는 사람은 물리적인 환경을 뛰어넘는 질서가 있다는 것을 알기 때문에, 그 질서를 깨뜨리려는 사탄의 계략을 늘 경계해야 한다. 사탄의 유혹은 매우 교묘하고 은밀하여 정신을 차리고 있지 않으면 넘어지기 쉽기 때문이다. 그래서 성경은 깨어 기도하라고 반복하여 강조한다.

주의하라 깨어 있으라 … (마가복음 13:33)

시험에 들지 않게 깨어 있어 기도하라 마음에는 원이로되 육신이 약하도다 하시고 (마가복음 14:38)

그러므로 우리는 다른 이들과 같이 자지 말고 오직 깨어 정신을 차릴지라 (데살로니가전서 5:6)

성경에는 영적 전쟁에서 승리한 믿음의 사람들의 이야기가 많이 나온다. 그중 대표적인 인물이 다니엘이다. 유대 민족인 그는 바벨론의 포로로 끌려갔지만, 위기의 순간에도 하나님의 손을 놓지 않았다.

> 다니엘은 뜻을 정하여 왕의 음식과 그가 마시는 포도주로 자기를 더럽히지 아니하리라 하고 자기를 더럽히지 아니하도록 환관장에게 구하니 하나님이 다니엘로 하여금 환관장에게 은혜와 긍휼을 얻게 하신지라 (다니엘 1:8-9)

다니엘이 왕의 음식을 거절한 이유는, 그것이 우상에게 드려진 음식이기 때문이었다. 하나님의 법을 마음에 두고 있었던 그는 망설이지 않고 그 음식을 거부하기로 결정했다. 그 후 다니엘은 열흘 동안 채소만 먹었지만, 왕의 음식을 먹은 다른 소년들보다 혈색이 더 좋았다. 포로로 잡혀왔음에도 신앙의 기준을 지켜 영적 싸움에서 타협하지 않은 그를 하나님이 보호하신 것이다. 그리고 그는 하나님이 주신 지혜로 아무도 밝히지 못하는 왕의 꿈을 해석해 이방 민족임에도 불구하고 바벨론에서 매우 높은 지위를 갖게 된다.

유대 민족이면서 왕의 총애를 받는 그가 바벨론 신하들에게는 얼마나 눈엣가시였겠는가? 다니엘을 공격하고 싶었지만 도저히 흠을 찾을 수 없었던 그들은 왕을 부추겨 '왕 외의 어떤 신에게나 사람에게 절하지 않는다'라는 법을 만든다. 그들은 다니엘이 신앙의 문제에서 절대로 타협하지 않으리라는 것을 알았던 것이다. 그들의 예상대로 다니엘은 그 법을 어기면 사자 굴에 던져진다는 것을 알면서도 늘 하던 대로 하루 세 번 하나님께 기도를 했다. 하지만 그 일은 신하들이 기대한 것과는 전혀 다르게 진행되었다. 하나님은 끝까지 하나님을 의지하며 비겁하게 굴지 않은 다니엘을 굶주린 사자들 틈에서 지켜 주셨고, 오히려 다니엘을 곤경에 빠뜨리려던 신하들은 사자 굴에 던져졌다.

사자 굴에서도 털 끝 하나 상하지 않은 다니엘을 본 왕은 조서를 내린다.

> 내가 이제 조서를 내리노라 내 나라 관할 아래에 있는 사람들은 다 다니엘의 하나님 앞에서 떨며 두려워할지니 그는 살아 계시는 하나님이시요 영원히 변하지 않으실 이시며 그의 나라는 멸망하지 아니할 것이요 그의 권세는 무궁할 것이며 그는 구원도 하시며 건져내기도 하시며 하늘에서든지 땅에서든지 이적과 기사를 행하시는 이로서 다니엘을 구원하여 사자의 입에서 벗어나게 하셨음이라 하였더라 (다니엘 6:26-27)

다니엘은 자신에게 닥친 고난 앞에서 주저하거나 타협하지 않고 믿음으로 맞섰다. 그랬을 때 그의 고난은 하나님의 살아계심을 온 천하에 알리는 기회가 되었다.

자식이 잘못된 길로 가는 것을 가만히 보고 있을 부모는 없다. 채찍을 들어서라도 자식이 바른길로 가게 하는 것이 부모다. 하나님의 마음도 동일해서 고난을 통해서라도 하나님의 자녀가 하나님을 찾고 바른길로 가도록 이끄신다. 그것이 때로는 고난이 하나님이 나를 사랑하신다는 증거이자, 내가 하나님의 손을 꽉 잡기 원하신다는 하나님의 신호가 되는 이유이다. 또 때로는 나의 믿음을 더욱 굳건하게 하고, 하나님의 일하심을 세상에 전하기 위해 하나님은 고난을 사용하신다. 그러니 이래도 저래도 고난은 축복이다.

지금 고난 가운데 있는가? 그렇다면 이 고난을 통해 나를 훈련하시고 하나님의 영광을 드러내실 그날을 기대하며 기도하라.

육체의 가시가 주는 유익

지금으로부터 7-8년 전, 권선동에서 목회할 때였다. 어느 날 성도들과 성경 공부를 하고 집으로 가는데 허리가 끊어질 듯 아팠다. 허리에서 시작된 통증은 엉덩이와 다리까지 내려와서 도저히 한 발짝도 움직일 수 없을 지경이었다. 나는 심한 허리디스크를 가지고 있었다. 수원에 있는 정형외과, 신경외과를 다니며 지속적으로 치료를 받았지만 고통은 잠시 사라졌다가 다시 나타나기를 반복할 뿐이었다. 주일날 설교하는 30분 동안 똑바로 서 있는 것조차 힘들 때도 있었다. 고통을 참지 못한 나는 지인의 권유로 강남에 있는 유명한 척추 전문병원에 찾아가 각종 검사를 받았다. 의사는 디스크가 많이 상해 있고, 척추협착증도 심해 빨리 수술을 받아야 한다고 이야기했다.

나는 의사가 처방한 약은 한 번도 빠지지 않고 먹을 만큼 의사 말을 잘 듣는 고지식한 사람이라 수술을 해야 한다는 말에 아무런 이의를 달지 않았다. 그래서 수술 전날 입원을 하고 병원 침대에 누워있는데 갑자기 겁이 났다. 몸에 칼을 대는 수술은 처음이기도 했고, 무엇보다 몸의 대들보 역할을 하는 척추를 수술하는 것이니 주체하기 힘들 만큼 가슴이 뛰었다. 결국 나는 병원에서 도망치듯 나왔다. 병원에서 나온 내가 갈 곳은 교회뿐이었다. 나는 날마다 하나님 앞에 무릎을 꿇고 기도하며 울고 또 울었다.

"하나님, 병든 제 몸을 치료해 주세요."

하루하루 통증은 조금씩 사라지기 시작했고, 어느 순간 일상생활을 하는 데 불편하지 않다는 걸 깨달았다. 수술을 앞두고 도망쳐 나온 겁 많은 나를 하나님이 고쳐 주신 것이다. 지금은 일상 생활하는 데 아무런 문제가 없다. 그리고 그 일은 육체의 연약함이 사람을 낮아지게 한다는 것을 깨닫게 해 주었다.

사도 바울은 고린도교회 교인들에게 쓴 편지에서 자신의 육체의 가시가 오히려 축복이 되었다고 간증한다.

> 여러 계시를 받은 것이 지극히 크므로 너무 자만하지 않게 하시려고 내 육체에 가시 곧 사탄의 사자를 주셨으니 이는 나를 쳐서 너무 자만하지 않게 하려 하심이라 (고린도후서 12:7)

성경을 연구하는 학자들은 바울의 가시가 '안질'이라고도 하고 '간질'이라고도 한다. 육체의 가시가 무엇이었는지는 중요하지 않다. 중요한 것은 가시가 자신을 겸손하게 만들었다는 그의 고백이다. 육체의 가시는 그가 자만하지 못하게, 겸손하게 하는 역할을 했다.

C.S. 루이스가 옥스퍼드 채플에서 강의할 때 한 학생이 질문했다.

"교수님은 신이 인간을 만들었고 그 신이 선하다고 말씀하시는데, 그렇다면 인간이 왜 그토록 많은 고통을 겪어야 합니까?"

C.S. 루이스는 이렇게 답했다.

"그렇지 않아도 인간은 교만하기 짝이 없는데, 고통마저 없다면 인간이 얼마나 더 교만하겠습니까."

인생의 가시는 우리를 겸손하게 하는 축복의 도구다. 사업에 실패하고 어려움을 많이 겪은 성도가 내게 이렇게 말한 적이 있다.

"제가 사업에 실패하고 어려움을 겪지 않았다면 오늘날 저는 없었을 것입니다. 저의 가치관은 변화하지 않았을 것입니다. 저는 지금 얼마나 행복한지 모릅니다."

하나님은 겸손한 자를 높이시고, 낮은 자리에 가는 자를 소중하게 여기신다. 그런 점에서 나를 하나님이 소중하게 여기시는 자로 만들어 주는 가시란 얼마나 귀한가.

또한 가시는 우리를 기도의 자리로 인도한다.

이것이 내게서 떠나가게 하기 위하여 내가 세 번 주께 간구하였더니
(고린도후서 12:8)

'가시'로 표현된 헬라어는 '스콜로프'로, '송곳'을 의미한다. 인생을 살다 보면 가시 같은 존재가 나를 찌를 때가 있다. 그 가시가 육체를 찔러 아픔을 줄 때도 있고, 때로는 마음을 찔러 깊은 상처를 내기도 한다. 성경에는 '가시를 제거해주겠다'거나 '고통을 없애주겠다'라는 말씀이 없다. 즉, 그리스도인도 가시에 수없이 찔리며 살아가는 것이 이 땅에서의 삶이다. 단지 가시에 찔린 몸과 마음을 주님 앞으로 가지고 나와 기도할 수 있다는 것이 우리의 축복이다.

큰 고통은 우리를 크게 기도하게 한다. 많은 고통은 우리를 더 많이 기도하게 한다. 아픈 고통은 우리를 울부짖어 기도하게 한다. 나도 나에게 있는 가시 때문에 수백 번, 수천 번 기도했다. 가시 때문에

새벽마다 무릎 꿇고, 잠들지 못하는 밤마다 하나님의 이름을 부르는 기도의 사람이 될 수 있었다.

바울은 기도했지만 가시가 없어지지 않았다. 그 대신, 주의 은혜가 자신에게 족하다는 응답을 받았다.

> 나에게 이르시기를 내 은혜가 네게 족하도다 이는 내 능력이 약한 데서 온전하여짐이라 하신지라 그러므로 도리어 크게 기뻐함으로 나의 여러 약한 것들에 대하여 자랑하리니 이는 그리스도의 능력이 내게 머물게 하려 함이라 (고린도후서 12:9)

가시로 인해 바울은 하나님께 받은 소명을 감당하고 사명을 완수할 수 있었다. 바울의 약함은 곧 하나님의 능력이 온전해지는 자리가 되었기 때문이다. 그래서 그는 그 가시로 인해 기쁘다고 고백한다.

> 그러므로 내가 그리스도를 위하여 약한 것들과 능욕과 궁핍과 박해와 곤고를 기뻐하노니 이는 내가 약한 그 때에 강함이라 (고린도후서 12:10)

고통스러운 가시가 나를 기도의 사람으로 만들고 연단시킨다면, 가시는 축복이다. 그러니 가시 때문에 인생을 포기하지 말자. 가시 때문에 낙심하고 쓰러지지 말자. 바울의 고백처럼 가시 때문에 강해지고 하나님과 더욱 가까워지며, 새벽을 깨우는 기도의 사람이 되어 가시로 인해 기쁘다고 고백하는 믿음의 사람이 되기를 바란다.

나의 영혼 피곤해 지쳐 있고
나의 마음 어쩔 수 없을 때
나의 맘에 들리는 주의 음성
내게 오라 내 품에 안기라
험한 산길 나 홀로 걸어갈 때
거센 파도 날 위협할 때에
주님은 나를 품에 안으사
힘 주시고 일으켜 주신다

— 찬양곡 〈주가 일으켜 주신다(You raise me up)〉 중에서

나눔의 길 위에 축복이 있다

나는 17세부터 소년가장으로서 가족을 책임져야 한다는 생각에 늘 먹고사는 것에 고민이 많았다. 하지만 지금은 더 이상 먹고살 걱정은

하지 않아도 될 만큼 하나님이 복을 주셨다. 하나님이 내게 이처럼 물질의 복을 주신 이유는, 나를 통해 하나님의 일을 하시기 위해서이다.

올해 5월, 뜻밖의 기회로 월드비전 구호사역에 동참해 아프리카 모잠비크에 있는 시골 마을 테테에 다녀왔다. 월드비전 관계자는 물론 Good TV 제작진도 동행하기로 한 여정이었는데, 막상 떠나려고 하니 고민이 한두 가지가 아니었다. 꼬박 이틀이 소요되는 긴 이동은 생각만으로도 힘들었다. 또 예방접종을 하고, 말라리아 약도 처방받아 챙겨야 했다. 아내에게 "가지 않는다고 할까?"라고 말했을 만큼 두려웠다.

인천공항에서 홍콩까지 3시간 반, 홍콩에서 남아프리카공화국 요하네스버그 공항까지 13시간 반, 그곳에서 다시 모잠비크 최북단 테테 공항까지 2시간 넘게 비행기를 타고 갔다. 그리고 다시 작은 트럭을 타고 비포장도로를 3시간가량 달려서야 목적지에 겨우 도착했다.

아프리카를 머릿속으로 그리며 가슴에 품고 기도했지만, 내가 발을 디딘 모잠비크의 현실은 상상했던 것보다 훨씬 처절했다. 굶주림의 고통 속에서 살기 위해 몸부림치는 아이들을 보며, 또 그들 곁에 계시는 하나님을 느끼며 매순간 가슴이 저렸다. 기도할 때마다 흘러내리는 눈물을 주체할 수 없어 한참 머뭇거려야 했다. 그리고 하나님이 왜 나를 이곳에 보내셨는지 계속 되물었다.

'하나님, 왜 저를 이곳에 보내셨나요?'

두렵고 떨려 도망치고 싶었던 아프리카 행이었지만, 막상 그곳에 도착한 이후 시간은 너무 빨리 지나가 버렸다. 그리고 그곳에서의 짧은 시간은 나에게 많은 깨달음을 주었다.

그곳에서 만난 도밍고라는 남자 아이는 이제 겨우 열 살밖에 안 됐지만 엄마와 조카를 책임지는 소년가장이었다. 도밍고가 한 살 때 엄마는 농장에서 일하다가 시력을 잃었고, 누나는 어린 나이에 아이를 낳다가 세상을 떠났다. 누나가 남긴 어린 조카와 앞을 보지 못하는 엄마를 책임지는 것은 온전히 도밍고의 몫이 되었다. 엄마는 병원도 가지 못한 채 도밍고가 얻어 오는 식량으로 하루하루를 버티고 있었다.

열 살이라고 하지만 또래의 우리나라 아이들보다 훨씬 작고 말라 나이를 가늠하기 힘든 그는 가냘픈 손으로 풀을 뜯고 허드렛일을 해서 엄마와 조카가 먹을 양식을 마련한다. 한 끼 겨우 먹을 양식 재료를 가져와 정성껏 음식을 만들어서는 가장 먼저 엄마에게 주는 착한 아들이었다.

나는 도밍고의 무너져 가는 집을 보며 할 말을 잃었다. 내가 누우면 머리와 발끝이 벽에 닿을 만큼 아주 작은 집에는, 이불이나 카펫은 고사하고 흙이 날리는 땅바닥에 살림이라곤 찌그러진 양동이, 밥그릇 몇 개가 전부였다. 짚을 덮어 만든 지붕은 다 망가져 비가 오면

비를 피해 서서 자야 했다.

"도밍고, 내가 뭘 도와주면 좋겠니?" 하고 묻자, 아이는 지붕을 고쳐 달라고 했다. 나도 어린 시절 초가집에서 살아 봤기 때문에 비가 새지 않는 안전하고 편안한 거처를 바라는 아이의 마음을 헤아릴 수 있었다. 뭐가 먹고 싶냐는 물음에는 "지금 먹는 옥수수 죽이라도 마음껏 먹고 싶다."라는 대답으로 내 가슴을 찢어지게 했다. 나는 운전사가 되고 싶다는 도밍고의 꿈을 응원하며 함께 차에 올라 운전을 가르쳐 주었다.

마지막으로 내가 할 수 있는 것은 도밍고의 손을 잡고 기도하는 것이었다.

"하나님, 하나님의 아들입니다. 이곳의 모습이 처참합니다. 비 새는 걱정 없이 먹는 것을 염려하지 않고, 행복하게 살 수 있도록 귀한 가정, 귀한 아들을 축복해 주시옵소서."

기도를 마친 뒤 "도밍고, 하나님께 기도하면 너를 도와주실 거야."라고 말하자 아이는 고개를 끄덕였다.

또 다른 아이 소녀 안토니아는 가족 없이 혼자 살고 있었다. 어머니는 돌아가시고 아버지는 소식이 끊긴 지 오래라고 했다. 3년 전 믿고 의지하던 할머니마저 돌아가시자 홀로 남게 되었다. 이웃집을 다니며 일거리를 구하지만, 일이 없는 날이 많아 굶기 일쑤였다. 그래도 그런 날이면 안토니아는 선생님이 되기 위해 열심히 공부를 하면서 배고픔을 잊는다.

혼자 있는 것이 무섭지 않냐고 물으니 안토니아는 "늘 무서워요."라고 답했다. 아직 어린 나이인데도 불구하고 가족도 없이 혼자 살아야 하는 안토니아가 한없이 안쓰럽고 측은했다. 안토니아 역시 도밍고처럼 비가 새지 않는 지붕을 원했다. 새 집을 바라는 것도 아니고, 먹을 것, 입을 것을 바라는 것도 아니었다. 그저 비가 오는 날에도 비를 맞지 않고 누울 수 있기를 바라는 소박한 마음이었다.

나는 안토니아가 "늘 무섭다"라고 말한 것을 잊을 수가 없었다. 여자아이의 몸으로 의지할 곳 하나 없이 홀로 지내는 것이 얼마나 무섭고 두려웠을까. 나는 무엇을 선물하면 좋을지 고민하던 중 그곳에서는 염소가 큰 재산이라는 것을 알게 되어 30불을 주고 염소 한 마리를 사서 선물했다. 염소를 선물한 데는 또 한 가지 이유가 있다. 아무리 짐승이지만 무서울 때 든든한 친구 같은 존재로 의지할 수 있기를 바랐기 때문이었다. 내가 그곳을 다녀온 뒤 안토니아는 "염소가 새끼를 낳았다"라며 감사 편지를 보내왔다.

평생 신발을 신어 보지 못한 아이들은 맨발로 먼 길을 걸어 물을 길어 온다. 그렇게 길어 온 귀한 물로 세수와 양치질을 할 수 있다는 생각은 해 본 적이 없는 아이들이다. 하지만 아이들의 눈빛과 표정은 우리나라 아이들과 비교할 수 없을 정도로 해맑고 밝았다.

가기 전 한없이 두려웠던 마음이 그곳에서 만난 아이들을 보며 씻은 듯 사라졌고, 아이들에게 도움을 준 것보다 내가 받은 도움이 더 많았다. 내가 가진 것에 감사해야 한다는 것은 물론이고, 한걸음 더 나아가 하나님이 내게 주신 모든 축복 속에는 내가 하나님의 일을 하기 바라시는 깊은 뜻이 깃들어 있음을 알게 되었다. 그것이 끝없이 내 마음속에서 큰 울림을 만들던 물음, '왜 나를 이곳에 보내셨나요?'에 대한 답이었다.

> 범사에 여러분에게 모본을 보여준 바와 같이 수고하여 약한 사람들을 돕고 또 주 예수께서 친히 말씀하신 바 주는 것이 받는 것보다 복이 있다 하심을 기억하여야 할지니라 (사도행전 20:35)

굶주린 아프리카 아이들의 실상을 보고 온 뒤 밤잠을 잘 이루지 못했다. 그들을 위해 우리 교회가 할 수 있는 일이 없을까 고민하다가 예배 중에 교인들에게 말했다.

"모잠비크뿐 아니라 말라위, 수단 등 아프리카 여러 나라의 아이들도 하나님은 사랑하십니다. 그 아이들도 우리의 아이들과 다를 바 없습니다. 한 달에 3만 원이면 아프리카 아이 한 명이 굶지 않고 교육과 의료 혜택을 받을 수 있습니다. 후원을 부탁드립니다."

놀랍게도 그날 예배에 참석한 성도 중에서 450명이 월드비전을 통해 아프리카와 저개발 국가 아이들을 후원하기로 신청했다. 이미 굿

네이버스를 통해 100여 명의 성도가 후원을 하고 있는 상황에서 450명이 더 늘어나는 감격스러운 일이 일어난 것이다. 하나님은 언제나 나보다 앞서 행하시며 내 생각보다 몇 배 더 크고 놀랍게 역사하심을 다시 한 번 깨달았다.

누가복음 7장에서 예수님은 하나뿐인 아들을 잃고 슬픔에 빠진 과부에게 울지 말라고 하신다.

> 주께서 과부를 보시고 불쌍히 여기사 울지 말라 하시고 (누가복음 7:13)

그리고 단지 불쌍히 여기기만 하신 것이 아니다. 예수님은 과부의 슬픔을 위로하기 위해서 직접 행동으로 옮기셨다. 예수님의 사랑은 늘 행동으로 이어진다.

> 가까이 가서 그 관에 손을 대시니 멘 자들이 서는지라 예수께서 이르시되 청년아 내가 네게 말하노니 일어나라 하시매 죽었던 자가 일어나 앉고 말도 하거늘 예수께서 그를 어머니에게 주시니 모든 사람이 두려워하며 하나님께 영광을 돌려 이르되 큰 선지자가 우리 가운데 일어나셨다 하고 또 하나님께서 자기 백성을 돌보셨다 하더라 (누가복음 6:14-16)

예수님은 고통받는 자들의 편이셨다. 소경의 눈을 뜨게 하고, 앉은

뱅이를 걷게 하고, 병이 든 사람을 치유하며, 귀머거리를 듣게 하고, 죽은 자를 살리셨다. 예수님은 과부와 고아, 병든 자, 가난한 자들과 늘 함께하시며 그들에게 복음을 전하셨다. 몸소 본을 보이시며 성도에게 가르쳐 주신 그리스도의 삶을 우리는 얼마나 행하며 살고 있나 생각해 볼 때다.

이별이 아름다워야 진짜 성도다

신학교 재학 시절, 강원도, 서울, 고향 교회에서 전도사로 섬기면서 항상 담임목사님께 부탁드린 것이 있었다.

"목사님, 저는 늦깎이 신학생이라 부교역자로 사역할 시간이 없습니다. 이곳에서 사역을 하며 목사님께 배우고 다른 곳에 가서 또 다른 경험을 하겠습니다."

첫 사역지였던 도곡감리교회에서는 전도사 겸 기사이자 사찰집사로 1인 3역을 담당했다. 새벽 4시가 되면 45인승 대형버스를 운전해 새벽기도에 참석한 성도들을 태우러 다녔고, 수련회에 가게 되면 버스를 운전했다가 내려서는 수련회 강사로 집회를 이끌었다.

1년의 사역이 끝난 뒤 부임한 강원도 횡성에 있는 교회에서는 교육전도사로 일하며 교회학교를 부흥시키기 위해 열정을 다했다. 전 성도가 150명 정도인 교회였는데, 담임목사님을 도와 어린이 총동원 주일을 주최하는 등 어린이 전도에 힘썼다. 중고등부 수련회 때에는 난생처음 과로로 쓰러져 대학병원에 실려가 링거를 맞기도 했다.

3학년 때는 내 고향 교회인 안면도교회에서 나는 교육전도사로, 아내는 유치부 교사로 헌신했다. 동물 탈을 쓰고 북을 치며 동네를 한 바퀴 돌면 어느새 아이들이 줄을 지어 따라오곤 했다. 그때 교회 역사상 교회학교가 최고의 부흥을 이루어 200명 이상이나 됐다.

그 시절의 경험들은 나에게 귀한 추억으로 남아 지금 동탄시온교회를 담임하는 데 있어 값진 자산이 되고 있다. 그리고 하나님의 일을 하며 몸을 아끼지 않았던 헌신을 하나님은 잊지 않으시고 동탄시온교회 주일학교의 놀라운 부흥으로 갚아 주셨다.

주일학교 없는 교회가 늘어나는 지금, 동탄시온교회는 유년주일학교 아이들의 수가 1천여 명, 이들을 위해 헌신된 교사 수가 250여 명에 이르는 놀라운 성장을 이루어가고 있다. 그 부흥의 이야기를 2016년 4월 '교회학교 교사 세미나'를 통해 전국은 물론 해외에서 온 1천 300여 명의 교사들과 공유했다.

내가 1년간 열정을 다하고 교회를 사임할 때 가장 중요하게 생각했던 것은 아름다운 마무리였다. 내 인생관 중 하나가 '마무리를 아름답게 하자'이기 때문이다. 헤어질 때마다 목사님은 "하 전도사, 조금만 더 함께해 줄 수 없을까?"라고 말씀하시며 붙잡을 만큼 나는 있는 곳에서 최선을 다했다. 그리고 마무리를 잘한 덕분에 내가 사역했던 교회의 담임목사님들은 내가 개척할 때 모두 오셔서 축복하며 격려해 주셨고, 지금까지도 좋은 관계를 유지하고 있다.

인간관계에 있어서 마무리는 굉장히 중요하다. 나는 설교 중에 성도들에게 이렇게 말하곤 한다.

"혹시라도 여러 가지 이유들로 동탄시온교회에서 신앙생활을 이어가기 힘들어서 교회를 떠나고 싶다면 언제든지 말씀하세요. 좋은 교회, 훌륭한 목회자를 만나 신앙생활을 잘할 수 있도록 축복하고 보내드리겠습니다. 그래야 길거리에서 반갑게 만날 수 있잖아요."

그런데 그리스도인은 관계의 마무리뿐만 아니라 인생의 마무리도 아름다워야 한다는 걸 잊지 말아야 한다. 동시대를 살다가 죽은 두 사람의 극명하게 갈린 이야기를 알고 있다. 1989년 12월 14일 러시아의 핵물리학자이자 '수소폭탄의 아버지'라 불리던 안드레이 사하로프 박사가 사망했다. 그는 수소 폭탄을 제조했지만 핵의 엄청난 파괴력으로부터 인류를 구원해 내자는 표어를 내걸고 '반핵'을 주창했다. 1975년에 노벨 평화상을 받았지만 당시 소련 정부의 눈엣가시가 되어 탄압받다가 강제 추방을 당하기도 했다. 그는 15만 3천 달러를 암 연구 기관에 기부했을 만큼 진심으로 인류 평화를 기원했다. 1989년 12월 그가 세상을 떠나자 소련 국민뿐 아니라 수많은 세계인이 함께 애도했다. 세계 언론은 그에게 '도덕의 나침반', '우리 시대의 양심',

'진실한 목소리', '러시아의 성자' 등의 칭호를 붙였다.

그가 죽은 뒤 11일 뒤 루마니아 대통령이었던 니콜라에 차우세스쿠가 죽었다. 독재자로서 6만 명의 사람을 죽인 그가 형식적인 비밀 재판 끝에 아내와 함께 총살형을 당한 것이다. 처참하고 비극적인 죽음이었다. 그는 스스로 '하늘의 별'이라 칭했지만, 그가 죽자 최초로 루마니아에 크리스마스 캐럴이 울려 퍼졌다. 도시마다 기쁨으로 인산인해를 이루고 교회에서 예배를 드렸다. 언론에서는 이런 보도가 나왔다.

"이 지구상에서 가장 잔인한 범죄자가 죽었습니다. 적그리스도가 죽었습니다."

동시대를 살다 간 두 사람의 죽음은 매우 대조적이다. 나는 이 두 사람의 대조적인 죽음을 보면서 죽음이 아름답기 위해서는 삶이 아름다워야 한다는 걸 깨달았다.

아름다운 삶이란 보기에 좋은 인생, 남들이 부러워하는 인생을 의미하는 것이 아니다. 삶을 움직이는 기준과 방향이 바로 서 있을 때 완성되는 것이다. 아름다운 삶을 위해서 우리는 '길이요 진리요 생명이신 예수님'을 따라야 한다.

요한복음에서 예수님은 장차 제자들의 곁을 떠나게 되실 것을 말씀하신다. 지금까지 자신들의 삶을 인도하신 예수님이 떠나신다는 말을 들은 제자들은 깊은 근심에 빠진다. 그때 예수님은 이렇게 말씀하신다.

> 너희는 마음에 근심하지 말라 하나님을 믿으니 또 나를 믿으라
> (요한복음 14:1)

주님은 제자들이 내일 일을 알지 못하여 걱정과 근심, 두려움 속에 빠져 있을 때 이 메시지를 주신다. 이것은 곧 미래에 대한 근심과 걱정, 두려움 속에서 살아가는 이 시대의 우리에게 주시는 말씀이기도 하다. 예수님은 걱정과 두려움에서 해방되고, 승리의 삶을 살 수 있는 방법으로 믿음을 제시하신다. 그 믿음은 어떤 것인가. 첫 번째, 영원한 처소가 예비되어 있음을 믿는 것이다.

> 내 아버지 집에 거할 곳이 많도다 그렇지 않으면 너희에게 일렀으리라 내가 너희를 위하여 거처를 예비하러 가노니 가서 너희를 위하여 거처를 예비하면 내가 다시 와서 너희를 내게로 영접하여 나 있는 곳에 너희도 있게 하리라 (요한복음 14:2-3)

최악의 삶이란, 내일에 대한 소망이 없는 삶일 것이다. 단테의 『신곡』을 보면 지옥 입구에는 이렇게 써 있다고 한다. "일체의 희망을 버려라." 물 한 모금의 희망도 갖지 말라는 것이다. 인간에게 내일이 없

다는 것만큼 큰 저주는 없다. 그래서 나는 이렇게 말하고 싶다.

"노후 대책 잘 세우면 20년이 편하지만, 사후 대책 안 세우면 영원히 고통이다."

두 번째는, 예수님이 그 영원한 처소에 도달하는 길이며 진리이고 생명이심을 믿는 것이다.

> 예수께서 이르시되 내가 곧 길이요 진리요 생명이니 나로 말미암지 않고는 아버지께로 올 자가 없느니라 (요한복음 14:6)

예수님은 하늘 처소로 가는 유일한 길이다. 그분은 아버지 하나님과 죄인 된 인간 사이의 다리가 되어 주셨다.

> 하나님은 한 분이시요 또 하나님과 사람 사이에 중보자도 한 분이시니 곧 사람이신 그리스도 예수라 (디모데전서 2:5)

한 번도 가지 않은 길을 여행할 때 우리는 지도를 펴 본다. 지도는 나에게 바른길을 알려 주는 가이드이다. 인생을 사는 데도 지도가 필요하다. 그런데 우리는 한 번도 가지 않은 인생길, 한 번도 경험하지 못한 새로운 변화의 길을 갈 때 길이고 진리이신 예수님의 말씀보다 내 생각에 더 의존하지 않았는가.

안타깝게도 많은 사람이, 심지어 그리스도인조차 길이신 예수님보다 자신의 생각을 따라 인생을 살아간다. 하지만 성경은 사람의 생각이 이끄는 길은 위험하다고 말한다.

어떤 길은 사람이 보기에 바르나 필경은 사망의 길이니라 (잠언 16:25)

수많은 종교가 참된 길을 이야기한다. 절에 가서 들으면 그 말이 맞는 것 같고, 성당에 가서 들으면 그 말이 맞는 것 같다. 심지어 이단 사이비 교주의 말에도 사람들이 빠지는 이유는 그곳에서 말하는 길이 참된 길처럼 느껴지기 때문이다. 그래서 이리저리 흔들리며 진리를 찾아 헤맨다. 이렇게 방황하는 인간에게 예수님은 예수님만이 길과 진리이며, 성령님께서 진리를 알게 해 주실 거라고 말씀하신다.

그는 진리의 영이라 세상은 능히 그를 받지 못하나니 이는 그를 보지도 못하고 알지도 못함이라 그러나 너희는 그를 아나니 그는 너희와 함께 거하심이요 또 너희 속에 계시겠음이라 (요한복음 14:17)

참 진리이신 예수님 없이 사는 것은 죽은 것이나 마찬가지다. 아무리 열심히 분주하게 산다고 해도 그 안에 생명이 없기 때문이다. 현대인들이 권태를 느끼고, 열정과 의욕을 상실하는 이유가 그것이다.

생명이 없는 곳에서 생명을 찾기 때문이다.

그리스도께서 주시는 생명은 영원한 생명일 뿐만 아니라 이 세상에서 살아 움직이는 생명이다. 부와 명예 등 원하는 것을 다 가져도 참 생명 없이는 인간은 권태롭고 허무할 수밖에 없는 존재다. 하나를 가지면 열을 갖고 싶고, 열을 가지면 백이 갖고 싶은 인간의 욕망은 하나님 없이는 채워질 수 없다.

솔로몬은 성전을 건축했고, 하나님으로부터 세상에서 누릴 수 있는 모든 부귀와 영화를 선물로 받았다. 하지만 그의 고백은 "모든 것이 헛되다"라는 것이었다. 삶의 의미를 잃으면 몸은 살았어도 실상은 죽은 것이나 다름없다. 주님은 "내가 너희에게 영원한 생명을 준다"라고 말씀하신다. 길이요 진리요 생명이 되시는 예수님을 기억하자. 그럴 때 우리는 관계도, 삶도 아름답게 마무리할 수 있다.

하나님 나라와 의를 먼저 생각하라

우리는 먹고사는 일에 매달리고 몰두한다. 더 넓은 집, 더 많은 권력, 더 많은 재산을 갖기 위해 평생 아등바등한다. 그러나 그리스도인이라면 나 혼자만 좋은 것에 가치를 두어서는 안 된다. 나는 설교 중에 평생 육체의 행복만을 추구하다가 죽으면 짐승과 다를 바가 없다고 강하게 말한다. 육체는 결국 썩어져 사라지고 만다.

　사도행전 1장 4절에서 부활하신 예수님은 제자들에게 이렇게 말씀하셨다.

　사도와 같이 모이사 저희에게 분부하여 가라사대 예루살렘을 떠나지 말고 내게 들은 바 아버지의 약속하신 것을 기다리라 (사도행전 1:4)

　그리고 그 약속하신 것이 무엇인지 알려주신다.

　요한은 물로 세례를 베풀었으나 너희는 몇 날이 못 되어 성령으로 세례를 받으리라 하셨느니라 (사도행전 1:5)

　약속하신 것은 바로 성령이다. 그러자 제자들이 묻는다.

　저희가 모였을 때에 예수께 묻자와 가로되 주께서 이스라엘 나라를 회복하심이 이때이니이까 하니 (사도행전 1:6)

　이 말의 뜻은 약속한 것이 올 때 우리는 다시 잘 살 수 있느냐고 묻는 것이다. 그들을 지배하는 로마로부터 벗어나 다시 자유를 얻고 부유해지고 평안해질 때가 그때냐고 묻는 것이다. 현 시대에 비추어 보면 우리 가정, 사업장, 건강, 자녀가 회복하는 때가 그때냐고 묻는 것이다. 그때 주님은 대답하신다.

> 가라사대 때와 기한은 아버지께서 자기의 권한에 두셨으니 너희의 알 바 아니요. 오직 성령이 너희에게 임하시면 너희가 권능을 받고 예루살렘과 온 유대와 사마리아와 땅 끝까지 이르러 내 증인이 되리라 하시니라 (사도행전 1:7-8)

땅 끝까지 전도하고 말씀을 전파하는 데 관심을 가지라는 것이다. 사업 회복, 병든 몸의 회복, 가정의 회복, 자신의 회복에 관심이 있는 사람에게 회복의 시기와 때는 아버지가 아시니 너희는 땅 끝까지 증인되고 영혼 살리고 전도하는데 관심을 갖으라고 하시는 것이다.

전전긍긍하지 말고 우리의 기도 제목, 먹고 사는 문제 다 하나님께 맡겨야 한다. 그러면 하나님께서 시기와 때를 아서서 응답해 주신다. 이제 하나님의 나라를 위해 새벽에 나와 기도해야 한다. 그러면 우리는 모든 것이 합력하여 선을 이루며 반드시 승리하는 인생을 살게 된다.

둘째 예성이가 올해 1월, 대학 입시에서 낙방했다. 수시, 정시 다 떨어지고 코가 빠져서 의기소침해 있는 아들을 보니 나 또한 마음이 편치 않았다. 하지만 나는 하나님이 아들의 앞길을 인도해 주실 것을 믿었다. 나는 고민 끝에 아들에게 문자를 보냈다.

"예성아, 이번에 대학 못 가서 얼마나 속상하니. 아빠도 많이 속상하다. 네가 속상할 것을 생각하면 아빠 마음이 많이 아프다. 아빠도 고등학교 졸업 시기에 친구들은 다 대학에 진학하고 혼자 남아 낙오자가 된 심정으로 눈이 붓도록 많이 울었다. 그때는 누구랑 내 인생에 대해 상의하고 의논해야 할지 막막했단다. 내 인생을 어떻게 헤쳐 나가야 할지 정말 깜깜하기만 했어. 하지만 네가 보다시피 아빠는 지금 당당하고 힘 있게 살고 있잖아. 마음이 우울하고 견디기 힘들만큼 외롭고 괴롭겠지만 잘 견뎌내길 바란다. 이것 또한 다 지나갈 거야. 2년, 3년만 지나면 오늘의 실패는 아무것도 아니었음을 알게 될 거야. 오히려 전화위복이 될 거야. 아빠는 네가 이렇게 건강하게 커 준 것만으로도 고맙고 감사하다. 당분간 아무것도 생각하지 말고 푹 쉬고 실컷 놀아. 그런 뒤에 아빠랑 진로를 함께 고민해 보자. 사랑하는 우리 아들 예성아, 잘 커 줘서 고맙다."

잠시 후, 아들이 답장을 보냈다.

"아빠, 고마워요. 한 글자 한 글자 무척 소중하고 힘이 됩니다. 사랑해요, 아빠. 아빠가 제 곁에 계셔서 얼마나 다행인지 몰라요. 아빠, 보고 싶습니다. 하나님 안에서 더욱 성장해 나가는 아들이 될게요."

눈물이 왈칵 쏟아졌다. 하나님 안에서 우리는 그렇게 마음으로 소통할 수 있었다. 아들은 낙심하는 대신 다시 용기를 냈고, 얼마 뒤 미국 버클리음대 오디션에 응시해 멋지게 합격했다. 하나님을 향한 뜨거운 사랑을 품고 하루하루 감사하며 살고 있는 아들을 볼 때마다 나는 가슴이 뭉클하다.

전도사 사모가 된 딸아이는 원래 스튜어디스를 꿈꿨다. 열심히 준비했지만 두 차례 입사 시험에 낙방한 뒤, 주일학교 교사로 봉사하다가 담당 전도사였던 사위를 만나 결혼해 눈에 넣어도 아프지 않을 만큼 잘생긴 아들을 낳고 행복하게 살고 있다. 요즘 나는 "하 목사, 손주 자랑하려면 밥부터 사!"라는 말에 즐겁게 밥까지 사며 손주 자랑을 한다. 그러면서 내가 선배나 친구 목사님들에게 꼭 하는 말이 있다.

"목사님, 제 경험상 손주를 봐야 인생을 알겠더라고요."

대학 입시나 입사 시험에 낙방했다고 좌절하는 청년들을 볼 때마다 참 안타깝다. 대학 입시에 떨어졌어도, 사업에 실패했어도 낙심하지 말라. 못나고 부족한 사람이라고 자책하지 말라. 하나님은 인간을 하나님의 형상대로 만드시고, 하나뿐인 아들을 내어 주실 정도로 우리를 사랑하신다. 그런 하나님이 기도하는 자녀를 버려둘 것 같은가. 하나님이 내 인생을 어떻게 이끌어 가실지는 아무도 모른다. 한 가지 분명한 사실은 기도하는 사람에게는 실패의 경험이 더 큰 걸음을 위한 도약이 된다는 사실이다.

우리가 알거니와 하나님을 사랑하는 자 곧 그의 뜻대로 부르심을 입은 자들에게는 모든 것이 합력하여 선을 이루느니라 (로마서 8:28)

요셉의 인생을 보라. 형들에 의해 버려지고 애굽에 노예로 팔려가는 극한 상황을 겪었지만, 모든 상황 가운데 하나님을 기억하며 붙들었던 그를 하나님은 결국 귀하게 쓰시지 않았는가.

많은 사람이 먹고사는 일에 매달리고 몰두한다. 더 넓은 집, 더 많은 권력, 더 많은 재산을 갖기 위해 평생 아등바등하며 실패 앞에서 좌절한다. 하지만 그리스도인이라면, 다른 가치관을 가지고 살아야 한다.

예수님은 마태복음 6장에서 그리스도인이 가져야 할 구별된 가치관에 대해서 말씀하신다.

그러므로 염려하여 이르기를 무엇을 먹을까 무엇을 마실까 무엇을 입을까 하지 말라 이는 다 이방인들이 구하는 것이라 너희 하늘 아버지께서 이 모든 것이 너희에게 있어야 할 줄을 아시느니라 그런즉 너희는 먼저 그의 나라와 그의 의를 구하라 그리하면 이 모든 것을 너희에게 더하시리라 그러므로 내일 일을 위하여 염려하지 말라 내일 일은 내일이 염려할 것이요 한 날의 괴로움은 그 날로 족하니라 (마태복음 6:31-33)

예수님을 믿은 지 10년, 20년이 지났는데도 가치관이 안 바뀐 사람들이 있다. 세상을 지배하는 이방인의 가치관에 사로잡혀 절망하고 낙심하는 사람들을 볼 때 참으로 안타깝다.

나 역시 먹고사는 것을 염려하던 사람이었다. 고등학교 때부터 소년가장으로 살았으니 오죽했겠는가. 그러나 스물셋에 집사가 되면서 가치관을 바꾸었다. 하나님의 기쁨이 되기로, 하나님을 감동시키기로 마음먹은 것이다. 자신의 힘을 의지하며 살면 자신의 능력만큼만 살 수 있다. 목회도 사업도 공부도 자식을 키우는 일도 마찬가지다. 하지만 하나님이 내 인생을 책임지시면, 내 능력의 100배, 200배, 300배 이상의 열매를 맺게 된다.

그래서 나는 오늘도 하나님을 감동시키기 위해, 하나님의 기쁨이 되기 위해 일한다. 오래 전, 청년 회장이 되어 단 세 명뿐이던 청년부를 서른 명으로 부흥시켰던 열정으로 일한다. 하나님을 몰랐던 내가 교회를 다니며 말씀을 듣고, 초신자였던 내가 새신자를 데려올 때마다 하나님이 얼마나 기뻐하셨을까 상상하면, 나는 일하지 않을 수 없다. 지금은 2천5백 여 명이 출석하는 교회의 목회자지만, 앞으로 더 많은 교인이 출석하는 교회의 담임목사가 된다 해도 나는 일할 것이다. 왜냐하면 그분이 기뻐하고 감동하시기 때문이다. 하나님을 기쁘게 해 드리는 일을 나는 결코 포기할 수 없다.

영광의 십자가를 지고

　성도란 십자가를 지고 살아가는 사람이다. 하나님을 믿는다면서 져야 할 십자가를 피한다면 심각한 문제다. 그래서 나는 종종 성도들에게 "운동선수가 몸을 사리면 다칩니다. 성도가 십자가를 사리면 영혼이 죽습니다."라고 이야기한다.

　얼마 전 스물여섯 명의 교인과 함께 성지순례를 다녀왔다. 성지순례는 누구와 가느냐에 따라 감동이 다르다. 그런 점에서 이번 성지순례는 나에게 오랫동안 기억에 남을 시간이다. 예수님께서 십자가를 지시기 전에 갇혀 계셨던 돌 감옥 안에 잠시 머물면서 이때 예수님은 무슨 생각을 하셨을까 짐작해 보니 울컥 설움이 밀려왔다.

　스물여섯 명의 성도가 돌아가며 십자가를 지고 예수님이 빌라도 법정에서 사형 선고를 받고 골고다 언덕까지 올라가신 길을 재현할 때는 큰 감동이 있었다. 사랑하는 주의 백성을 위해 목숨을 내어 주시려 죽음의 길을 한 발 한 발 올라가며 예수님은 어떤 마음이셨을까. 주님은 십자가를 피하실 수 있었지만 우리를 살리기 위해 피하지 않으셨다. 그런데 그 희생의 피로 그리스도의 자녀가 된 우리는 어떤가. 십자가가 싫고 부담스러워서 피하고 있지는 않나 돌아봐야겠다.

　인간적인 눈과 마음으로는 십자가를 받아들이기 어려울 수 있다. 하나님이 사랑하는 자녀에게 십자가를 주시는 이유도 깨닫기 어렵다. 하나님은 우리가 영적으로 깨어 있고, 하나님과 더욱 친밀한 관계를 유지하게 하시려고 우리에게 십자가를 주신다. 그리고 우리가 십자가를 지고 가는 어느 한순간도 우리를 홀로 두지 않으신다. 그것을 깨닫는 것이 영적인 안목과 지혜이다.

열왕기하 6장에는 엘리사를 잡기 위해 군사들을 보낸 아람 왕의 이야기가 나온다.

> 왕이 이에 말과 병거와 많은 군사를 보내매 그들이 밤에 가서 그 성읍을 에워쌌더라 (열왕기하 6:14)

엘리사의 사환은 아람 군대가 말과 병거를 타고 몰려오는 것을 보고 벌벌 떨며 불안해한다. 두려워하는 사환에게 엘리사는 "두려워하지 말라"고 말하며 그가 하나님의 도우심을 바라볼 수 있게 해 달라고 기도한다.

> 기도하여 이르되 여호와여 원하건대 그의 눈을 열어서 보게 하옵소서 하니 여호와께서 그 청년의 눈을 여시매 그가 보니 불말과 불병거가 산에 가득하여 엘리사를 둘렀더라 (열왕기하 6:17)

엘리사의 사환은 아람 군대와는 비교할 수 없는 하나님이 보내신 군대를 보며 사랑하는 자녀를 홀로 두지 않으시는 하나님을 깨닫게 되었을 것이다.

십대 시절 소년 가장이라는 십자가, 신문 배달과 책 판매를 하며 신학을 공부해야 했던 가난이라는 십자가, 개척 교회 목사로서 감내해야 했던 괴로움의 십자가는 세상의 기준으로 봤을 때 좌절할 수밖에 없는 고난이었다. 하지만 나는 내게 지워진 십자가를 피하려고 하지 않았고, 고난 앞에서 무릎 꿇지 않았다. 보이지 않는 하나님의 능력을 믿었기 때문이다.

성도들과 함께 성지순례를 하던 중 예수님이 갇혀 계셨던 돌무덤 안에서 두 손을 들고 '주님만을 섬기리' 찬양을 부르며 얼마나 울었는지 모른다.

"나 주님만을 섬기리 헛된 마음 버리고. 성령이여 내 영혼 충만하게 하소서. 주님 앞에 내 생명 드리리라."

찬양의 가사처럼 평생 헛된 마음 버리고 성령충만하게 살고 싶다. 그래야 영적인 눈으로 세상을 바라보고, 하나님이 나에게 지워 주신 십자가를 기꺼이 지며 살 수 있을 것이다.

EPILOGUE

나는 행복한 목회자입니다

　월세 방에 살며 행복하지 못한 사람은 전세방으로 이사 가도 행복하지 못하고, 큰 집을 사서 이사를 해도 행복하지 못합니다. 지금보다 더 많은 것을 갖고 더 높은 지위에 올라야 행복할 것이라는 생각에 편중된 삶을 사느라 바로 그 시점에 누려야 할 행복을 누리지 못하기 때문입니다. 행복은 지금, 이 순간을 잘 살아 내는 데 있습니다. 행복은 먼 미래에서 꼭짓점을 찍는 상승곡선이 아니라, 순간순간 점 찍듯 그려집니다.

　"지금 행복한 목회자가 되라!"

　신학교 후배들이나 목회자들이 모이는 세미나에 가면 가장 많이 하는 말입니다. 맨땅에 헤딩하듯 교회를 개척한 뒤 수많은 고비를 마주하다 보면 자신도 모르게 '나도 큰 교회에서 사역하면 지금보다 나을 텐데'라는 생각을 합니다. 그리고 큰 교회 부목사, 담임 목사가 되어 수많은 성도들 앞에서 말씀을 전하고, 찬양을 부르며 기도회를 인도하고 교회를 이끌어가는 자신의 모습을 상상하며 그날을 기대합니다. 부족하기 만한 자신의 처지와 상황을 오직 감내해야 할 고난으로만 여기고 '이것 또한 지나가리라'하는 마음으로 목회를 합니다. 제가 감히 말하건대, 이는 잘못된 생각입니다. 개척교회 목회를 행복하게 해 내는 목회자가 큰 교회 목회도 행복하게 할 수 있습니다.

나는 개척하고 지금까지 한 번도 '행복한 목회자가 아니다'라고 생각해 본 적이 없습니다. 바꾸어 말하면, 나는 늘 행복한 목회를 했다는 것입니다. 손가락으로 꼽을 만큼 적은 수의 성도가 모일 때에도 그들이 있어 즐겁게 목회를 했습니다. 첫 수련회 때 제부도로 전교인 수련회를 떠났는데, 봉고 차 한 대에 아이들까지 포함해 전 성도가 타고도 남았습니다. 교회 재정으로는 중고 봉고차 한 대 구입하기 힘들어, 성도 중 한 사람이 회사 차를 빌려와 운전 봉사를 했습니다. 그래도 참석했던 모든 이들에게 행복했던 추억으로 지금도 남아 있습니다. 중고 봉고차를 한 대 구입한 뒤로는 모든 성도들과 함께 야외예배를 드리며 행복한 시간을 보내곤 했습니다. 그뿐만이 아닙니다. 전 교인 열댓 명이 주일 11시 예배를 마치고 먹는 국수 한 그릇의 점심 식사는 지금도 잊을 수 없을 만큼 맛있고 따뜻했습니다. 전국의 유명한 국수집을 다녀 봐도 그때 그 국수처럼 맛있는 국수를 먹기 힘들 만큼, 문득문득 그 국수 맛이 그립습니다. 그때의 행복한 순간들을 모두 언급하다 가는 밤을 새도 모자랄 정도입니다.

다섯 명일 때는 다섯 명이라 행복했습니다. 열댓 명이 수련회를 갈 때는 열댓 명이라 행복했습니다. 백 명이면 백 명이라 행복했습니다. 목사가 행복하지 못하면 성도도 행복하지 않습니다. 그래서 신학대학에서 강의를 할 때도 늘 말합니다.

"행복한 목회자가 되십시오. 지금 처한 상황에서 행복하고, 가진 것에 감사하고 누릴 줄 알아야 합니다."

목회자가 행복하지 못하면, 성도도 불행하며 그 목회는 의미가 없습니다.

한 번은 교인이 삼사십 명 정도 모일 때, 감리교 지방 체육대회에 참가했습니다. 삼십 여 개 교회가 참석하는데, 대부분 큰 교회들이었습니다. 그래도 우리는 포기하지 않고 족구 한 팀, 배구 한 팀을 만들어서 체육대회에 참가했습니다. 족구든 배구든 대여섯 명만 있으면 팀이 하나 만들어지니 작은 개척교회라고 못할 것도 없었습니다. 열정만큼은 우리 교회를 이길 팀이 없었으니까요. 아니다 다를까 우리보다 열 배나 성도가 많은 큰 교회를 상대로 벌인 경기에서 승리했을 때의 쾌감은 이루 말할 수 없을 만큼 짜릿했습니다. 여러 교회를 제치고 결승에 올라 우승 트로피를 받은 적도 많았습니다. 승부를 떠나 모든 성도가 그 순간만큼은 하나가 되었다는 것, 그것이 지금도 가슴 뭉클한 감동을 줍니다. 기억은 잊혀도 감동은 오래오래 가슴속에 남아 비슷한 상황이 닥쳤을 때 우리를 단결시키는 힘이 되었습니다.

그뿐만이 아닙니다. 성도가 150명 정도 모일 무렵에는 우리 교회가 속한 감리교 경기 연회 찬양제에 120명의 성가대를 만들어 우리 교회가 참가한 적이 있었는데 성도들이 결코 잘해서 나간 것은 아니었습니다. 성악을 전공했다거나 뛰어난 솔리스트가 있는 것은 더욱 아니었습니다. 찬양대에서 봉사하는 사람은 몇 명뿐이었고, 음치도 있고 박치도 있었습니다. 그저 함께하는 행복을 맛보고 싶다는 순수한 마음으로 참가한 것입니다. 성악 전공자들로 가득한 대형 교회 성가대와 한 무대에서 겨루며 우리는 성과를 떠나 온전한 감동을 경험했습니다. 마치 서로 붙잡아 주고 일으켜 주며 끝까지 경기를 완주한 육상 선수들 같은 감동 말입니다. 그렇게 성도들은 가족이 되고 한마음으로 하나가 된 순간에만 만끽할 수 있는 행복을 경험한 것입니다.

이 책을 쓰며 나는 소년 가장으로 살았던 청소년기의 아픔을 통해 하나님이 나를 하나님의 도구로 쓰시려 단련시켰음을 다시 한 번 느낄 수 있었습니다. 그리고 하나님의 도구가 되기로 결심했기에 누릴 수 있었던 목회자로서의 행복을 다시 한 번 떠올려 볼 수 있었습니다. 고난이 닥칠 때 포기하기보다 그 사이사이에 깃들어 있던 행복을 누리기 위해 애썼기에 지금도 값진 행복을 경험할 수 있음을 얘기하고 싶습니다.

다시 말하건대 목회자가 행복해야 성도가 행복합니다. 나는 내가 행복해야 성도가 행복하다고 믿습니다. 그래서 나는 지금 이 순간, 행복한 목회를 하고 있습니다. 그리고 간절히 소망하는 것은 이 책을 읽고 여러분도 하나님의 자녀로 부르심을 받았다는 그 사실 하나만으로도 진정한 행복을 경험하기를 바랍니다. 그래야 성도는 행복한 신앙생활을 할 수 있고, 이 땅에 모든 목회자는 행복한 목회를 할 수 있습니다.

추천사

0점에서는 가치를 전혀 찾을 수 없는 시대를 사는 우리에게 진정한 가치란 어떤 것인지를 삶의 구석구석에서 찾아낸 저자의 영성이 돋보이는 책입니다. 0점 속에서 살아 있는 가치를 볼 수 있다면 그건 전적으로 하나님의 시각으로 세상을 마주하는 사람일 것입니다. 저자 하근수 목사가 바로 그런 사람입니다. 부러움으로 그리고 존경의 마음으로 책을 펼 수 있어서 행복합니다.

• 강북제일교회 황형택 목사

친동생보다 따뜻하게 젖어 오는 친근감 그러면서도 만날 때마다 느껴지는 깊은 믿음의 내공은 절로 존경심이 우러나오게 합니다. 삶과 가슴으로 토해 낸 이 책은 이 시대의 잠들어가는 영성을 깨우고 수많은 영혼에 큰 울림으로 번져 갈 것을 확신하며 기쁨으로 추천합니다.

• 평화교회 이동현 목사

어린 시절부터 생명체가 살 수 없는 죽음과 절망밖에 생각할 수밖에 없는 사막 같은 곳에서 원망이 아닌, 믿음의 기도로 결국은 승리해 낸 그의 이야기가 우리에게 많은 도전과 생각을 던지는 것 같습니다. 믿음과 도전의 꿈으로 이루어낸 너무나도 진한 감동의 책을 오늘도 내일의 큰 희망을 꿈꾸는 모든 독자분들께 적극 추천합니다.

• 브니엘교회 유병용 목사

인생의 성공은 지식에 있지 않고 지혜에 있습니다. 목사님께서 좌우명으로 삼으신 "나는 하나님을 기쁘시게 하고, 하나님으로 하여금 내 일을 하게 하자"는 마음이 하나님을 감동시킨 게 분명합니다. 하나님을 감동시킨 백점짜리 목사님의 출간을 진심으로 축하합니다.

• 예정교회 설동욱 목사

하근수 목사님의 책 '0점의 가치'는 활자가 찍힌 책이 아니라 생명과 열정의 그림이 그려진 책입니다. 이 책은 격려와 위로가 메말라 가는 이 시대에 가슴에 따뜻한 격려와 위로를 줍니다. 그리고 도전을 포기하게 만드는 이 시대 도전으로 일어서게 만듭니다.

• 성광교회 유관재 목사

하근수 목사님을 보면 하나님이 아브라함을 불러내어 믿음의 조상을 만드시는 열정을 보게합니다. 하나님은 정말 위대하십니다. 하나님이 만드셨습니다. 할렐루야!

• 창원 기쁨의교회 노완우 목사

스펙을 당연하게 찾는 세상에서 스펙보다 훨씬 더 중요한 예수님의 은혜가 있음을 삶으로 말하고 있는 책입니다.

• 부천성만교회 이찬용 목사

일등만이 성공할 수 있다고 여기는 이 시대에 꼴찌도 보석같이 아름다운 명품 인생으로 변화될 수 있다는 놀라운 기적의 이야기가 생생하게 펼쳐집니다. 그 기적의 현장으로 여러분을 초대합니다. 당신도 바로 그 기적의 주인공이 될 수 있습니다.

• 성지교회 양인순 목사

100점짜리 명품 인생으로 살고 싶지 않습니까? 아무에게나 주목받지 못하고 관심을 끌지 못한 0점짜리 인생이 100점짜리 명품 인생으로 변화된 하근수 목사님의 인생 역전 스토리가 생생하게 기록된 책입니다.

· 성은숲속교회 오성재 목사

인생은 결코 점수로 계산할 수 없는 하나님의 계획입니다. 하목사님의 0점 인생은 하나님의 위대함을 조명하는 신앙의 고백입니다.

· 인천신현교회 김요한 목사

우리는 특별한 시련을 경험하고 있는 성도들을 향해 하나님이 특별하게 쓰시려고 훈련하시는 중이라고 위로합니다. 사실 배고픔을 경험해 본 사람이 배고픈 사람을 이해할 수 있고, 아파 본 사람이 아픈 사람을 이해할 수 있고, 멸시를 받아 본 사람이 멸시받는 사람을 이해할 수 있습니다. 그런 의미에서 볼 때 하근수 목사님은 이 시대를 살아가는 거절당한 빵점 인생들을 위해 하나님이 특별히 예비하신 위로자입니다. 이 시대를 살아가는 상하고 깨어진 아픈 영혼들을 위한 주님의 피 묻으신 손수건으로 이 책을 강력하게 추천합니다.

· 원천교회 문강원 목사

'0점의 가치'는 하근수 목사님의 라이프 스토리텔링입니다. 이미 초청강연을 통해 많은 사람에게 꿈과 감동을 주었으며, 무엇보다 하나님께 주목받은 한 청년의 희노애락의 인생역전이 고스란이 담겨있습니다. '낙심과 포기 그리고 절망'을 말하는 자에게 필독을 권합니다.

· 광주성결교회 김철규 목사

이 책의 서평

서평

새벽을 밝히는 등불 교회

대림절에 들려주는 천사 이야기는 참 따듯하다. 톨스토이가 「사람은 무엇으로 사는가」를 쓴 이유는 사람 눈에 보이지 않는 천사의 존재를 확인시켜 주려는 것은 아닐 것이다. 그러나 사랑한다면 어떤 결핍도 이겨 낼 수 있고, 사람은 그런 연민으로 사는 존재임을 천사의 눈으로 일깨워 주려고 한다.

하근수 목사가 쓴 책 「0점의 가치」는 '전성도 100% 새벽기도 도전 이야기'라는 꼬리표가 붙어 있다. 제목만 봐도 그의 목회 성공담이며, 총진군새벽기도로 이룬 동탄시온교회 부흥 스토리라는 것을 짐작할 수 있다. 실제로 어느 교회든 적용 가능한 실제적 프로그램과 저자가 보증하는 체험담이 세세히 담겨 있다. 누구나 도전할 만하며, 그 결과는 '남는 장사'다.

그런데 정작 이 책이 들려주려는 것은 그런 자부심으로 가득한 자기 자랑이 아니다. 물론 하 목사가 이룬 성취는 누구에게나 가능한 것이 아니며, 그가 품은 열정은 타고난 DNA를 확인하고 싶을 만큼 천부적이다. 다만 그가 전하려는 자전적 이야기는 마치 거장 톨스토이처럼 가장 연약한 존재들 속에서 이루어 가는 소중한 사랑 이야기처럼 들린다.

중요한 포인트를 꼽으라면, 사람은 결코 넘쳐나서 배우지 않고 부족해서 배우는 법이라는 점이다. 풍요로운 상황은 아무것도 가르쳐 주지 않는다. 인생의 결핍함이, 자신의 부족함이 가르침을 준다. 하근수 목사가 그랬다.

사실 '학생 백정' 출신인 하 목사가 견뎌 온 고된 성장통(痛)은 짧은 분량의 책에서 다 듣기는 힘들다. 그는 자신의 혀가 짧다고 겸양하지만, 몸으로 들려주는 소년시대를 제대로 듣자면 정말 '사람은 무엇으로 사는가'라는 생각에 무릎을 치게 만든다. 그는 자신의 결핍을 훗날 견고한 후천적 DNA로 삼았다.

안면도는 그의 고향이다. 일사후퇴 때 황해도에서 월남하신 아버지는 백령도를 거쳐 이 섬에 자리 잡았다. 뜻밖의 사고를 당한 아버지가 더 이상 가장 노릇을 못 하게 되자 어머니와 6남매는 큰 환난을 만났다. 마을 사람들의 배려로 고등학교 1학년 때부터 마을 푸줏간에서 일하며 가족의 생계를 책임진 소년 가장의 애로애환은 그야말로 눈물겹다.

이것이 하 목사가 자신을 가리켜 "똥 묻고 군데군데 흙이 묻은 흙수저"라고 부르는 배경이다. 부흥회 첫 시간에 그는 자신을 소개하면서 어김없이 백정 이야기를 소재로 삼는다. 자기 삶의 '웃픈'웃기고 슬픈 시절을 서슴없이 꺼내고, '셀프 디스'하며 자신의 약점을 소재로 웃음을 자아내는 이유가 무엇일까?

누군들 그보다 더 큰 인생의 좌절을 맛보았을까 싶기 때문이다. 절망에 발목이 잡힌 사람들에게 희망의 실오라기라도 되기를 바라는 마음에서다. 그는 말한다. "제발 '그깟 일' 때문에 한강이나 옥상을 찾지 말라"고.

20대에 들어선 하 목사는 여전히 '청년 백정'으로 살았지만, 무정한 세상에도 불구하고 곧 천사들이 찾아왔다. 초등학교 친구의 친절한 초대 덕분에 따라나선 첫 교회가 그렇고, '형제님'이라고 불리게 된 것을 계기로 천사가 이어 준 아내가 그랬다. 백정 청년과 여교사의 만남은 몇 장의 글쓰기로 끝낼 일이 아니다. 같은 세대를 살면서도 이렇게 남다를까 싶을 정도로 둘의 러브스토리는 참 아름답다.

「0점의 가치」를 제대로 읽으려면 나름의 상상력이 필요하다. 이 책역시 여느 신앙서적처럼 일종의 교과서 읽기를 지향하고 있기 때문이다. 그래서 자칫 짐작하고, 쉽게 판단한 후, 책을 덮는 심각한 어리석음을 범할 수 있다. 필자가 이런 우愚를 피할 수 있던 것은 저자를 통한 선행학습 덕분이다. 독자는 목사 하근수의 '총진군새벽기도'의 성공 이전에, 인간 하근수의 '총진군인생분투'에 귀 기울일 이유가 있다.

'블루스'Blues라는 음악장르가 있다. 미국 남부지역에서 노예로 살던 흑인들이 말로 다 할 수 없는 이야기를 1인칭 시점으로 풀어낸 것이다. '메기고 받는 형식'call and response으로 그 파급력과 전염성은 세계적이다. 그렇게 찬찬히 가슴으로 이 책을 읽을 일이다. 거기에는 '0점 인생'은 없고, '100점 가치'만 남는다. 그가 고백하는 눈물, 밑바닥, 기도, 열정, 친절, 비전, 그 모든 것이 사람을 살아가게 하는 은총의 힘이더라.

사실 하 목사라고 새벽을 깨우는 자명종은 아니었다. 그도 새벽에 일어나기 위해 몇 개씩 알람을 준비하며 곤욕을 치른다는 실토는 큰 위로가 된다. 그렇게 평생 새벽과 씨름하더니 결국 '새벽'을 통해 응답을 받았다. 처음에는 먹고살기 위해 어둠 속에서 등불을 켰는데, 이제는 많은 사람을 위로하고 격려하기 위해 영혼의 새벽을 밝힌다. 비빌 언덕이 없던 그가 "새벽에 하나님이 도우시리로다"시 46:5는 믿음으로 새벽을 의지했더니 하나님은 '새벽'에서 답을 찾게 하셨다.

대림절의 사람, 순교자 본회퍼 목사는 이런 말을 했다. "오직 믿는 자만이 순종하고, 오직 순종하는 자만이 믿는다." 그렇게 성탄, 하나님의 개입은 찾아오는 법이다.

군포지방 색동교회 **송병구** 담임목사

0점의 가치

초판 1쇄 발행 | 2016년 9월 9일
초판 9쇄 발행 | 2024년 5월 24일

지 은 이 | 하근수

발 행 인 | 이영훈
소　　장 | 홍영기
펴 낸 곳 | 교회성장연구소

등록번호 | 제 12-177호
주　　소 | 서울특별시 영등포구 은행로 59, 4층
전　　화 | 02-2036-7936
팩　　스 | 02-2036-7910
홈페이지 | www.pastor21.net

※ 책 값은 뒤표지에 있습니다.
※ 잘못된 책은 구입하신 곳에서 교환해 드립니다.
※ 이 책은 저작권법에 의해 보호를 받는 저작물이므로 무단 전재 및 무단 복제를 금합니다.

I S B N | 978-89-8304-252-1 03230

"무슨 일을 하든지 마음을 다하여 주께 하듯 하라"(골 3:23)

교회성장연구소는 한국 모든 교회가 건강한 교회성장을 이루어 하나님 나라에 영광을 돌리는 일꾼으로 성장하는 것을 목표로, 목회자의 사역은 물론 성도들의 영적 성장을 도울 수 있는 필독서들을 출간하고 있다. 주를 섬기는 사명감을 바탕으로 모든 사역의 시작과 끝을 기도로 임하며 사람 중심이 아닌 하나님 중심으로 경영한다. "무슨 일을 하든지 마음을 다하여 주께 하듯 하라"는 말씀을 늘 마음에 새겨 하나님께서 주신 사명을 기쁨으로 감당한다.